JI LI
DE YI SHU
激励的艺术

杨超 / 编著

时事出版社
北京

图书在版编目（CIP）数据

激励的艺术 / 杨超编著 .—北京：时事出版社，2021.9

ISBN 978-7-5195-0433-5

Ⅰ.①激… Ⅱ.①杨… Ⅲ.①企业－管理人员－激励 Ⅳ.① F272.92

中国版本图书馆 CIP 数据核字（2021）第 140768 号

出 版 发 行：时事出版社
地　　　址：北京市海淀区彰化路 138 号西荣阁 B 座 G2 层
邮　　　编：100097
发 行 热 线：（010）88869831　88869832
传　　　真：（010）88869875
电 子 邮 箱：shishichubanshe@sina.com
网　　　址：www.shishishe.com
印　　　刷：三河市华润印刷有限公司

开本：670×960　1/16　印张：18　字数：175 千字
2021 年 9 月第 1 版　2021 年 9 月第 1 次印刷
定价：50.00 元
（如有印装质量问题，请与本社发行部联系调换）

前言

作为一名优秀的管理者,您是否发现以下问题正在困扰着您:

为什么员工工作缺乏积极性、工作效率不高?应如何充分挖掘和发挥员工的内在潜力,使员工尽心尽力贡献力量?企业发展到一定规模,如何还能继续保持激情?……

诸如此类问题,本质上与企业或者组织对员工的激励制度有着很大的关系。

好员工未必代表有好效益,差员工也未必都是差表现。量才而用的用人制度与激励措施,才是激活每个成员潜能的制胜法宝。

管理界有个调查数据:

如果没有激励,一个人仅能发挥其能力的20%~30%,而在受到充分激励后，其主观能动性可以被充分地调动起来，能力则可以发挥到80%~90%。

毫无疑问，这个数据有力地证明了激励的重要作用。

因此，本书将激励的方法进行了系统梳理，从十个方面，通过大量翔实生动的案例，深入讲解了有效激励的方法，为领导者在实际管理工作中提供非常有效的指导。

· 目录

第一章
榜样激励：为员工树立行为标杆

001 ··· 领导者是员工效仿的标准 / 003

002 ··· 身先士卒，做出"跟我来"的表率 / 007

003 ··· 亲身示范，用实干鼓舞员工干劲 / 010

004 ··· 让员工们看到领导者对制度的执行力 / 013

005 ··· 用自己的热情激活员工的热情 / 016

006 ··· 信用越好，榜样的力量越无穷 / 021

007 ··· 敢于认错，也是一种激励 / 025

008 ··· 善于自我约束，律己方能律人 / 029

第二章
物质激励：金钱不是万能，而是基础

001 ··· 别忽视或低估物质激励 / 035

002 ··· 让奖金与绩效真正挂钩 / 039

003 ··· 如何强化福利的激励作用 / 043

004 ··· 适时给员工一份意外惊喜 / 047

005 ··· 对待高层次人才要舍得付出 / 051

006 ··· 善用股权激励留住人才 / 056

第三章
尊重激励：被给予尊重的人更加忠诚

001 ··· 放下领导架子，和员工平等相处 / 063

002 ··· 走出办公室，主动与员工沟通 / 066

003 ··· 记住员工的名字，是尊重的起点 / 070

004 ··· 用征询式命令取代强迫式命令 / 075

005 ··· 任用人才的关键在于信任 / 079

006 ··· "小角色"也有权得到应有的尊重 / 083

007 ··· 保持谦逊，敢于向员工请教 / 086

第四章
公心激励：以公正管理获得员工信任

001 ··· 没有人在制度之外 / 091

002 ··· 制度的制定必须合情合理 / 094

003 ··· 不以私情深浅区别处事 / 097

004 ··· 有功者必赏，有过者必罚 / 099

005 ··· 别将公平和平均画上等号 / 103

006 ··· 以公心对待员工之间的矛盾 / 106

第五章
赞美激励：不花钱也能调动积极性

001 … 不要吝啬对员工的赞美 / 113

002 … 善于从小事上赞美员工 / 116

003 … 学着用欣赏的眼光看待员工 / 118

004 … 真诚的赞美才能打动员工的心 / 122

005 … 公开表扬取得成绩的员工 / 125

006 … 不拘泥于单一的表扬方式 / 128

007 … 失败者更需要赞美的鼓励 / 132

第六章
情感激励：把温暖送到员工的心坎里

001 … 在管理中多点人情味 / 139

002 … 记得时时用微笑面对员工 / 142

003 … 帮助员工平衡工作和生活 / 146

004 … 为员工创造最优的工作环境 / 149

005 … 用心倾听员工的建议和抱怨 / 153

006 … 给予员工改过自新的机会 / 157

007 … 向困境中的员工伸出援手 / 160

008 … 帮助陷入低潮的员工重新振作 / 164

009 … 将员工家庭作为激励的切入点 / 168

第七章
压力激励：保持团队的奋斗者状态

001 ··· 适时引用"鲶鱼"式人物 / 173
002 ··· 坚持优胜劣汰的用人法则 / 176
003 ··· 用"假想敌"激发员工的竞争意识 / 180
004 ··· 在团队中营造良性竞争氛围 / 183
005 ··· 让员工始终保有危机意识 / 186
006 ··· 明确责任主体，避免敷衍推诿 / 189

第八章
参与激励：每个人都是团队的主人

001 ··· 培养员工的主人翁精神 / 195
002 ··· 确保员工享有足够的知情权 / 197
003 ··· 不必事必躬亲，将权力下放 / 200
004 ··· 给予员工自主行事的权利 / 204
005 ··· 让员工参与企业决策与管理 / 207
006 ··· 必须听取不同的声音 / 211

第九章
愿景激励：希望是努力向前的力量

001 ··· 为员工提供发展事业的平台 / 221

002 … 将员工安排到合适的位置上 / 225

003 … 不断提高要求是激励人才的关键 / 229

004 … 加强员工培训,促进员工成长 / 232

005 … 让员工目标与企业目标相一致 / 238

006 … 通过有效的晋升制度留住人才 / 242

007 … 为上进的年轻人提供晋升的机会 / 246

008 … 先扩大责任范围,避免能不配位 / 251

第十章
反向激励:井无压力不出油,人无压力轻飘飘

001 … 善用"负激励"约束员工行为 / 257

002 … 请将不如激将,用激将法有效劝说 / 261

003 … 警惕员工打破制度的"窗户" / 264

004 … 抓住典型事例,惩一便可儆百 / 268

005 … 不留退路,激励员工背水一战 / 272

006 … 煽煽情,唤起员工的同情心 / 275

第一章

榜样激励：
为员工树立行为标杆

有什么样的君王，就会有什么样的臣子。领导者的举动好比是风，员工的举动好比是草，风往哪边吹，草就会往哪边倒。领导者的以身作则对员工有着潜移默化的感染力和影响力，这种力量是一种无声的命令，也是一种非常有效的激励方式。

001
［领导者是员工效仿的标准］

苏斌毕业后在某家企业任市场营销部主任，由于在学校时养成了一些懒散的习惯，比如经常迟到等，参加工作后他也不知不觉地将这种习惯带进了工作中，而且无所顾忌、不思悔改。久而久之，员工也跟着他迟到，部门的销售量日益减少。

然而，这时候的苏斌不仅没有从自身找原因，反而觉得是下面的员工不努力工作才造成这种困境，因此经常严厉地责备员工迟到、做事不力。结果，员工们怨声不断："我们之所以迟到，还不是跟着他学的。""他自己都做不好，有什么资格说我们呢？"……

就这样，渐渐地，员工产生抵触情绪，都不服从苏斌的领导，他的工作越来越难做。

宋人范晔曾曰："以身教者从，以言教者讼。"这句话的意思是以自己的行动教导别人，别人就会接受你的教化；自己做不到却以言论教导别人，说一套做一套，别人不仅不会听从你的教导，反而会生出是非。

"以身教者从，以言教者讼"，反映出榜样的作用——身教重于言教，强调领导者一定要重视自己的言行教化。的确，在一家企业、一个部门，甚至一个小组当中，领导者都是员工最直接、最有效的效仿标准，其言行往往直接决定着员工们的行为方式。

美国企业家玛丽·凯就非常注重企业组织中经理的榜样作用，她认为经理作为一个部门的负责人，其行为受到整个工作部门员工的关注。员工往往模仿经理的工作习惯和修养，且不管它们是好是坏。

事实上，领导者的行为本身就是一把尺子，而员工就是用这把尺子来衡量自己的。领导者处处为员工树立一个高标准的榜样，员工们才会做得更好。拥有了好作风的领导和员工，公司就不愁没有发展壮大的机会。反之，如果领导者的行为不检点，就会上梁不正下梁歪，使企业出现危机，那么企业想占稳市场就是一件极其困难的事了。

王皓在某一大型电子企业就职，短短三年的时间，他就从一名默默无闻的科技研究部的部长，晋升到公司的高级主管，薪水翻了几倍。他有什么管理秘诀吗？对此，王皓给出的回答是："哪有什么秘诀，无非是我善于以身作则罢了。"

身为一名部长，王皓没有天天坐在办公室里指手画脚，也没有像别的领导一样双手交叉在胸前一副高高在上的样子，而是密切关注员工的工作进程，每天把工作日程安排完后就在流水线上直接参与产品的生产，争取把每一个工作细节都了解透彻。每当来了新员工，他都会手把手地教他们。当手下看到王皓如此认真工作时，他们也会认真地把工作做好。

有一次，王皓管理的部门中由于一名员工的疏忽导致大量产品出现质量问题，面临客户要求退货甚至解约的危险。作为部长的王皓承受的压力可想而知，但是他并没有一味地责怪那个犯错的员工，而是亲自带领员工努力修复出现问题的产品。每天下班，他并不拖延员工的下班时间，而是安排自己和组长来加班。员工看在眼里非常感动，也主动留下来加班。就这样，通过几天的不懈努力，这批产品最终在客户验货之前完成修复，并且顺利通过了对方的质检。

正是凭借着这种以身作则的榜样力量，王皓博得了员工们的认可和拥戴。从部长到主管，再到高级主管，他领导的员工做起事来都争先恐后、毫不畏缩。有如此优秀的领导和得力的员工，这家公司在行业中如鱼得水、发展飞快。

真正优秀的领导者绝对不是以下达命令的方式管理员工，而是在工作中为员工起到表率作用，用自己的行动感化员工、带动员工，在潜移默化中达到说教无法达到的效果，进而得到员工由衷的认可和尊敬，激发员工的工作动力。

看到这里，有人不禁会提出疑问，为什么员工会受到领导者的影响呢？要解释这一问题，就要提一句古话——"近朱者赤，近墨者黑"。从遗传学来说，一个人的秉性是无法改变的，但是当一个人走进新的工作环境里，他首先会以学习为主，领导者的一言一行都会受到他的关注和效仿。

教育学家陶行知说得好："好学是传染的，一人好学，可以染起许多人好学。就地位论，好学的教师最为重要。想有好学的学生，须有好学的先生。换句话说，要想学生好学，必须先生好学。惟有学而不厌的先生，才能教出学而不厌的学生。"在企业中，员工就是"学生"，领导者则是"先生"。

因此，领导者如果想做好员工的激励工作，就要少一些口头教化，多一些实际行动，以身作则，使自己拥有良好的工作作风和品质，给员工提供一个可以效仿的标准，以自身的影响力调动员工的积极性，使管理工作卓有成效，这同时也是领导者自我追求进步的便捷之道。

以身作则并不是一件难事，它体现在工作中的每一个细节里。为此，不妨时常问问自己："我希望自己的团队具有哪些品质？我的个人习惯能够体现我所期望的团队品质吗？""我希望员工对客户说话妥帖，我说话时是否达到了同样的标准呢？""虽然我一整天都坐在办公室里，但我的着装是否和直接面对客户的员工一样得体呢？"

002

[身先士卒，做出"跟我来"的表率]

　　森林里燃起了熊熊烈火，头狼沉着地带领狼群撤退，但是，一道悬崖切断了它们的逃命之路。这道悬崖说宽不算宽，说窄不算窄，狼群两次腾跃就可以跃过，但要命的是，悬崖中间没有第二次腾跃的立足点。

　　大火快速蔓延，眼看就要扑到狼群了，情况万分紧急。这时，头狼将几只老狼聚集在一起，交头接耳一番后，向狼群发出了命令："现在立即分成两队，一队是身强力壮的，一队是年老体弱的。一队和另一队成员要结成对子。"

　　结成对子后，狼群一同来到悬崖边。只见头狼和另一只年轻的狼同时跃起，在它们同时下降的瞬间，头狼将自己的身躯垫在了另一只狼的脚下，后者借助这个蹬足点跃到了对面，而头狼却坠下了山崖。就这样，一对接着一对，所有年轻的狼都跃上了悬崖的对面。

　　面对生死关头，头狼泰然处之，身先士卒，不惜牺牲自己保全狼群。正是这种大无畏的精神使群狼受到鼓舞，才有后来的老狼一起保护幼狼的行为。

这个故事告诉我们：领导者应有超乎一般的远见卓识，在团队遇到危机大家四顾茫然时，他/她应该告诉追随者们朝哪个方向前进，并及时地喊一声"跟我来"。

现实工作中，有些领导者在与员工一起共事时，总是习惯于指挥员工怎样做，遇到问题时自己却退避三舍，把"包袱"扔给员工，让员工自己解决，当员工做不好时又会指责其无能。殊不知，这种关键时刻没有勇气承担责任的行为，不仅不能有效地激励员工，反而会受到员工的怨恨和排斥。

色诺芬将军不仅是古希腊优秀的哲学家，而且还是一名优秀的军事家，26岁时便经常在沙场上带兵作战。在一次战斗中，色诺芬将军的军队被敌人两面夹击，前面是战斗力极强的土著人，后面是波斯的追兵，情况十分危急。此时，军队只有加快速度抢占制高点才有可能赢得一线生机。

色诺芬将军骑在马上，大声地鼓励他的军队："亲爱的士兵们！请你们加快速度！快一点，再快一点吧！要知道，你们现在是在为希腊而战，为你们的妻儿而战！稍加努力，前方的路就会畅通无阻！"

此时，一位士兵站出来反驳道："色诺芬将军，您一直骑在马背上，而我们却拿着沉重的盾牌步行，早已疲惫不堪，想走也走不动啊！"

听了士兵的话，色诺芬将军立即跳下马背，拿过他的盾牌，徒步前行。

这一下，士兵们再也没有怨言了。他们士气高昂地向前冲击，最终先于敌人到达了制高点，成功进入底格里斯河河边肥沃的平原。

的确，当一支队伍在陷入黑暗想要看到光明时，就必须要有一个勇于牺牲自我的领袖。领导者要身先士卒，为下面的人做出"跟我来"的表率，而不只会对员工喊"给我上"。只有这样，员工才能心服口服，心甘情愿地付出。

关键时刻说声"跟我来"，这是一种勇于奉献的精神，是一种勇于承担责任的表现。一位伟人曾说过这样一段话："人生所有的履历，都必须排在勇于负责的精神之后。责任是使命，责任是动力，一个具有强烈事业心、责任感的人，才可能有强烈的使命感和强大的内在动力，才能做好本职工作，才能勇于担当；而一个没有事业心和责任感的人，是不可能勇于担当的。"

如果还在为自己在下属中没有影响力而烦心，不妨先问问自己以下三个问题：

在面对困难时，我是退避三舍，还是迎难而上？

在面对风险时，我是逃之夭夭，还是勇于接受挑战？

在面对失败时，我是将责任推诿给别人，还是勇于承担？

能否做好领导，做好员工的激励工作，就取决于领导者身处危机时刻的选择。

003

［ 亲身示范，用实干鼓舞员工干劲 ］

内曼斯纺织品公司曾经发生过这样一件事：位于奥克拉荷马的一家分店，售出了一大批价格为360美元的手工纺织毛衣，但这类毛衣在其他店里一件也没有卖出去。

这是怎么回事呢？

原来，这家分店的主管订回这批毛衣后，就非常兴奋地对员工说：“这是一批最为时尚的名牌毛衣，但是价格有些贵，顾客们可能一看到价格就不会买了。尽管这样，我仍希望各位将毛衣从衣架上取下来，向顾客展示。”

没过一会儿，一位女士走了进来，但是接待的员工并没有按照主管的吩咐去做，他给顾客推荐了其他毛衣，因为他觉得那件毛衣这么贵，浪费再多口舌也是没有用的，与其如此，还不如卖别的衣服。

见到这种情况，主管主动走到这位女士面前，把那件价值360美元的手工纺织毛衣拿下来展示，并详细地介绍了该毛衣的优点，如舒适、耐磨、时尚等。渐渐地，这位女士动心了，最后买下了这件毛衣。

看到了这样的结果，员工们不再怀疑这件毛衣卖不出去了。每当有顾客光临，他们就按照主管的交代主动推荐那批价格昂贵的手工纺织毛衣，结果一天就卖出了几十件。

俗话说："己所不欲，勿施于人。"意指只有自己愿意去做的事，或者自己能够完成的事，才可以要求别人去做；如果自己也不愿意做或者做不到，那么就不要强求别人完成。在实际工作中，有时员工会觉得领导者的要求是强人所难，此时，领导者不妨亲身示范，用实际行动向员工证明：你也一定可以做到。

一次，东芝公司的一位业务员向董事长土光敏夫反映说，公司有一笔业务怎么也谈不下来。原因是客户方主管经常出差，很多次上门拜访都无功而返。土光敏夫听后对业务员说："啊！请不要泄气，我上门试试。"

听到董事长要亲自"出征"，业务员吓了一大跳。他一是担心董事长不相信自己说的话，二是担心董事长亲自上门拜访客户方主管，万一那主管又不在，这不是太让董事长丢面子了吗？于是，他对土光敏夫说："董事长，您不必亲自为这些小事操心，我多跑几趟总会碰上那位主管的。"但土光敏夫执意要去。

第二天，土光敏夫在业务员的陪同下来到客户方主管的办公室，不出所料，果然没有碰到那位主管，但是土光敏夫并没有离开，而是一直坐在那里等。半天后，那位主管终于回来了。当他得知等候他的人竟然是土光敏夫时，连忙说道："对不起，对不起，让您久候了。"土光敏夫微笑着说："贵公司生意兴隆，我应该等候。"

那位主管知道自己公司并没有多大的交易额，但是堂堂的东芝公司董事长却能亲自上门与他洽谈，他觉得特别荣幸，所以很爽快地达成了交易。最后，这位主管热切地握着土光敏夫的手说："下次，本公司无论如何一定买东芝的产品，但唯一的条件是董事长不必亲自来。"

这位随同土光敏夫前往洽谈的业务员目睹此情此景后深受教育。

土光敏夫亲自"出征"，不仅顺利达成了一笔交易，而且他耐心且巧妙的营销技巧也教育和激励了下属，有利于带动他们毫无怨言地努力工作。

衡量一个领导者是否优秀，不仅要看他/她讲得如何，更重要的是看他/她做得如何。一个善于激励员工的领导者绝对不会坐而论道，夸夸其谈，而是会行动起来，做一名真正的实干家，为员工做出表率。

事实上，如果企业的领导者只是发号施令，习惯用现成的材料，擅长听汇报、看成绩，不愿亲自动手，那么员工做起事情来肯定没有干劲。长此以往，领导者还会因为对工作实际把握不准而造成决策偏差，最终难以掌控全局，导致管理工作的失败。

因此，应该看到领导力是一个综合体，领导者要想对员工产生权威影响，既需要善于指挥，也需要有很强的业务能力；既要能领导又要肯实干，两者兼顾则有助于完美推动工作深入，达到激励员工不断努力的效果。

004

［让员工们看到领导者对制度的执行力］

在过去，施乐公司几乎是复印机的代名词。但这家历史悠久的名牌企业后来却屡次受到日本复印机制造商惠普公司与柯达公司等企业的排挤，"世界头号复印机生产企业濒临破产"的流言四起。

为了摆脱困境，施乐公司聘请了曾经长期追随郭士纳的里克·托曼出任公司的首席营运官。很快，里克·托曼就提出了一系列改革措施，如大幅度削减生产开支，减少日常管理费用；缩减在发展中市场的业务规模；停止雇用新的员工，积极出售部分资产，以缓解现金不足的困难，等等。

尽管这是一个诱人的战略改变，但这些措施仍无法帮助施乐彻底摆脱所面临的困境。因为在托曼的重组中，推销员被调离了有利可图的地区并被放在了只集中关注企业的推销小组中，他们失去了与顾客的联系。

面对竞争对手毫不留情的进攻，施乐公司无法接受挑战且业绩继续滑坡。结果是不仅托曼受到批评，其他高级经理的执行能力也受到质疑。这种在执行力方面表现出来的软弱现象一直延伸到施乐公司的董事会。董事会里有着大量的政界要人或者在彼此公司中担任董事的人。

许多面临困境的企业都会像施乐公司那样，先找一个听起来很有名的"能人"，然后拷贝一套已在其他公司实行的做法或在理论上被证明可行的经营理念和战略，希冀由此带领公司走出困境。然而，期望的结果往往难以实现，因为在此过程中很多措施的施行会因领导者的执行力不足而导致失败。

企业的发展不仅需要好的管理制度，更重要的还是领导者能否将这些制度有效地贯彻执行，其中领导者的表率至关重要。领导者的表率作用发挥好了，将是管理制度融入基层的一座桥梁；若是领导者的表率作用发挥不得当，就是横在管理制度与基层之间的一堵墙，最终会不利于工作的开展。

的确，当领导者以一个管理者的身份伫立在企业中时，如果只是站在制度之外，没有让员工看到领导者对制度的贯彻执行，那就是典型的"只许州官放火，不许百姓点灯"，这样的规章制度再冠冕堂皇也不过是废纸一张，自然就不能够激励员工尽职尽责。

有一家企业规模很大，每次开会人员都很多，所以难免有人会迟到。为了解决这个问题，总裁定下了一条制度：谁开会迟到，谁就要被罚站十分钟。这是一项很严肃的规定，所有人无论是什么原因迟到，都要毫无理由地执行。

结果，第一个因迟到被罚站的人是总裁之前的一位老领导，这个局面使所有人都很尴尬。要是罚站的话，这位老领导脸面肯定很过意不去，但是，规定面前人人平等。于是，总裁小声地对老领导说："您先在这儿站十分钟，今天晚上我到您家里给您站一小时。"

不仅如此，总裁本人也被罚过三次。当然那三次都是一些非主观原因造成的，比如有一次总裁被关在电梯里，等赶到会议室时已经晚了，他没有做任何解释而是自觉地站了十分钟，最终该企业开会迟到的现象从此绝迹。

要求别人执行的，首先自己要执行；禁止别人做的，自己坚决不做。案例中的这位总裁就是这样提升自己的领导力的，他严格遵守公司的规章制度，亲自给员工做出表率，试想连公司的最高领导都能以身作则，其他的员工又怎能不遵守制度呢？这就保证了制度的有效执行，这就是真正的执行力。

只有以身作则，才能令行禁止。作为领导者，起决定作用的不是权力，而是自身的执行力。领导者的执行力对员工有着潜移默化的感染力和影响力。在企业中，如果领导者能牢记自己的职责，把"执行力"带入工作细节中，以身作则成为员工的楷模，那么这种执行力势必会点燃员工的工作激情，培养员工更加积极向上的工作态度，企业因此也就能发展壮大。

005

[用自己的热情激活员工的热情]

文澜入职不久，她对自己的能力充满信心，加上年轻气盛，每天都神采奕奕的。一天，她兴高采烈地回到公司，热情地对部门经理说："经理，特大喜讯！我那个难缠的客户今天终于同意签约了，不出意外的话，这将是我们部门这个季度利润最高的一笔订单。"

文澜兴奋地等着部门经理表扬她，但部门经理的反应却很冷淡："我知道了。我问你，昨天开部门会议的时候，你怎么不在？"

"哦，我那时候正在和客户谈订单的事情。"文澜回答。

部门经理不悦地说道："那你为什么不跟我请假？"

文澜说："我只顾着谈订单，把这事给忘了。"

部门经理口气严厉地说："少拿订单说事！别以为谈成一单生意就可以违反公司的规章制度，如果公司的业务员都像你这么没规矩，公司早就乱成一团了！出去写一份检查，下班之前交给我。"

文澜委屈地说道："知道了，经理。"说完，她就表情沮丧地离开了办公室。

案例中，这位新员工原本是一个带着热情工作的人，但可惜她遇上的却是一个毫无热情、只知道死板地执行规章制度的经理。于是，在这位"好"领导的"激励"之下，原本积极主动的员工也变得没精打采，每天上班混日子了。

这个案例告诉我们，想要让员工保持饱满的工作热情，领导者自身必须先保持热情的工作状态。一个人如果没有热情，就不能把工作做好；一个毫无热情、死气沉沉的领导者所带领的员工，必定是一群没精打采、干工作毫无效率的员工。

热情虽不能代替好的策略和缜密的思维，但是我们千万不要小看热情的力量。一位营销家说过："无论你有多高的才能，有多少知识，如果缺乏激情，那就等于是纸上谈兵，终将一事无成。如果智能稍差，才能平庸，但能对自己的工作充满激情，那么，你就不会为自己的前途操心了。"这就是说，只要对工作充满高度的热情，也就是有激情，我们就可以取得不同凡响的成绩。

的确，热情是推动个人进步和企业发展的动力之源，这种力量就像一个巨大的发动机，能在工作中转化为积极的正能量。事实上，优秀的领导者都会用自己对工作的热情带动员工对工作的热情，会用自己的工作热情去激活员工的工作热情，从而更好地提高工作效率。

乔丹·伯德是一位著名的企业家，他是以一块小小的巧克力发迹的。如今他的巧克力公司已经成为上市企业，他领导的员工多达五万人。他之所以能够取得如此辉煌的成就，是因为他高昂的热情吸引了大批的优秀人才。

当年刚开办巧克力公司的时候，伯德根本什么都不懂，而且当时巧克力只是他喜欢的一种食品，他创办这家巧克力公司只是希望能够多赚一些钱而已。由于伯德对工作没有热情，巧克力公司的效益日渐下降，伯德知道自己再不努力整个公司就会垮掉。后来，他开始了与巧克力同呼吸、共命运的奋斗历程。他开始改变自己，尝试着去了解各种不同的巧克力，以及每种巧克力需要添加的成分，在实践过程中他慢慢地对巧克力着迷了，他搜集各类与巧克力有关的书籍，出席各种与巧克力有关的研讨会，尽可能地熟知一切与巧克力有关的知识，意在制作出世界上最好吃、最好看的巧克力。

　　在伯德看来，巧克力不仅是一种食物，还是一件美丽的艺术品。他和别人说的每一句话都离不开巧克力，并把所有的知识都告诉他的每一个员工，他还经常教导他们："我们能让美观且美妙的巧克力给人们带来无限快乐，还有比这更美好、更有意义的事业吗？"伯德对巧克力和工作着迷的热情感染了每一个员工，他们的思想也不再定格于仅仅将巧克力制作出来，而是更加关心如何才能做出更好的巧克力，这种工作的热情已经成了乔丹·伯德公司员工的一种信仰。

　　乔丹·伯德在事业上有所成就，与其说是取决于他的才能，不如说是取决于他的工作热情，取决于他对巧克力的喜爱。当他满怀热情地工作时，这股热情传递给了身边的每一个员工，鼓舞和带动他们一同努力，不断克服困难取得成绩。

　　领导者肩负着带动全体员工在企业中成长的责任。领导者所表现出来的工作热情是一种精神力量，这种力量会传递给身边的每一个人，让员工更愿意为企业努力和付出。正如日本企业家土光敏夫所说的："热情是一种精神，员工要三倍努力，上司就要十倍努力；员工学习的是上司的行动，上司对工作的全身心投入是对员工最好的激励。上司只有拥有了这样的热情态度，才会把企业做得更大更好。"

既然领导者的热情对员工具有如此强大的感染力和影响力，那么，作为企业的领导者，应该如何以身作则，如何以饱满的热情来激起员工更高的工作热情，推动员工不断追求更高的目标呢？我们不妨一起来学习一下：

1. 热爱自己的工作

如果领导者能够热爱自己的工作，就会对工作充满高度的热情，带着爱去对待工作，这种爱可以感染员工，激发员工对工作的热情。比尔·盖茨有句名言："每天早晨醒来，一想到所从事的工作和所开发的技术将会给人类带来的巨大影响和变化，我就会无比兴奋和激动。"这句话阐释了为什么比尔·盖茨对工作充满激情。在他的感染之下，"激情"一直被作为微软的企业文化精神延续着。

2. 将每一件事都做好

一个热爱工作的人会把自己的热情融入工作中的每一件事情上，不仅仅是在大事上，还包括那些微不足道、不起眼的小事。其实，在工作中，大事与小事并没有任何差异，而且大多时候基层员工从事的正是一件件的小事，如果领导者能带着热情把每一件小事做好，那么员工自然会效仿，热情地做好每一件小事。如此，就能在平凡的岗位上做出不平凡的业绩，小岗位，大作为，企业自然就得以发展壮大。

006

[信用越好，榜样的力量越无穷]

东汉末年，天下大乱，豪杰并起，逐鹿中原。袁术是世家子弟，仗着祖辈的余荫坐镇一方，也想趁机有所作为。此时，"江东俊杰"孙策屈事袁术。袁术为了激励孙策为自己卖命曾许诺说，只要他攻下九江就让他任九江太守。但是，孙策攻克九江后，袁术却任命陈纪为九江太守。

过了一段时间，袁术让孙策去攻打庐江，又许诺说："你去攻打庐江，胜利后就任命你为庐江太守。"孙策心中生起一线希望，受命前去，最终得胜而回。不料，袁术却不提加封之事，反而把庐江太守的位子给了老部下刘勋，这让孙策彻底对袁术失望。

后来，孙策借袁术征讨江东之机，要求派兵。袁术信以为真，认为孙策仍会死心塌地地为自己卖命。结果，孙策脱离了袁术，率领父亲旧部重臣等朝江东挺进，势力发展得越来越大，最终占据了江东。袁术失去了孙策，手下又无其他能人，最终穷途末路、吐血而死。

以加官晋爵让下属赴汤蹈火，原本是一种很好的激励之术，但是袁术说到却做不到，惯于搪塞，屡次失信，这就等于逼迫忠诚的下属对自己离心离德，结果下场自然悲惨。

作为企业的领导者，信守承诺、说到做到，这是必须具备的品德。试想，如果企业总经理当众宣布："谁能超额完成本月的销售任务，谁月底就能拿到1000元的奖金。"面对这样的消息，员工们不辞辛苦地工作，争取超额完成销售任务，扳着指头盼望着月底的到来。到了月底，总经理却只有一句——对不起！想想看员工是何种心情！如果下次再发出号召，又有谁还会为公司真心真意地干活呢？谁都会对总经理的话打一个问号。一旦员工对领导者不信任了，那么领导者在组织中就是一个彻底的失败者。

一个人正直诚信与否，最重要的体现就是能否言出必行、说到做到。领导者守信不仅关系到个人的品质和威望，也关系到企业的形象。因此，千万不能说了不做，给员工开"空头支票"，这是非常危险的行为。

同是三国人物，诸葛亮与袁术形成了鲜明对比。

当年，诸葛亮率倾国之兵六出祁山讨伐魏国，与老对手司马懿相逢。因为迟迟分不出胜负，战争一直处于胶着状态。因此，诸葛亮决定让手下的士兵轮番回汉中休养，每一百天换一次班，以免士兵因久战而疲惫不堪。

有一次，蜀军又到了换班时间，有四万人应当回汉中休养，但就在这时，魏国增兵二十万，司马懿正领兵朝蜀军控制的卤城杀来。敌强我弱，即便是把该回汉中的四万士兵留下，蜀军能否打退司马懿的进攻也都是未知数，但是，诸葛亮却做出了一个出人意料的决定，命令四万士兵按计划返回汉中。

诸葛亮手下的将军们都劝他一定要把这四万人留住，但诸葛亮却说："吾用兵命将，以信为本；既有令在先，岂可失信？且蜀兵应去者，皆准备归计，其父母妻子倚扉而望；吾今便有大难，决不留他。"

听到诸葛亮这番话，蜀国的将士们备受感动，纷纷表示死也不肯走，一定要留在军中，跟诸葛亮一起击退魏军，以报答诸葛亮的恩德。司马懿率军来攻时，八万蜀军士气高昂，人人奋勇作战，杀得魏军溃不成军。

诸葛亮深知，作为统帅，一旦做出承诺就必须兑现，只有重承诺的统帅才能让士兵真心服从，结果他的守信激发了将士们的斗志，使还乡的命令变成了战斗的动员令，最终打败了比自己人数多一倍多的魏军。

美国作家阿兰·道伊奇曼在《说到做到：如何成为真正的商界领袖》中，揭示了那些真正的领袖们不平凡的品格，他指出："他们都在'行其所言，说到做到'，更难能可贵的是，即使在危急时刻，他们还依然如故地言行一致，这种行为胜于任何的雄辩，为他们获取了不可动摇的声誉。"

归根结底，领导力并不在于领导者是谁，领导者说了些什么，领导者是怎么说的，而是在于领导者是怎么做的。领导者本身代表的就是一种权威。领导既然做出了承诺，下属就会对领导产生期望。领导者少说漂亮话，多做实际事，言出必行，说到做到，既能够展示出高尚的人格魅力，又能够展示以身作则的管理风范。

其实，要做到"言而有信"主要把握两点就可以，一是出言谨慎；二是努力守信。出言谨慎，是承诺时要考虑可行性，谨慎承诺方可兑现；努力守信，讲的是已经承诺就要不惜代价去维护承诺，如果遇到特殊情况确实无法遵守承诺时，一定要说明原因，将不良影响降到最低。

一言以蔽之，领导者要想管理好一个企业，不仅要充分信任员工，而且也要获得员工的信任。一个领导的信用越好，榜样的力量就越是无穷，就越能成功地激励员工不断奋斗。

007

[敢于认错，也是一种激励]

纽约《太阳时报》主笔丹诺先生在读稿时常常喜欢把自己认为重要的段落用红笔勾出，以提醒排校人员"切勿将它遗漏"。但是有一次，一位年轻校对员读到一段被红笔勾出的句子，其大意是："本报读者雷维特先生送给我们一个很大的苹果，在那通红美丽的果皮上有一排白色的字，仔细一看，原来是我们主笔的名字。这真是一个人工栽培的奇迹！试想，一个完整无缺的苹果上，怎样会长出这样整齐光泽的字迹呢？我们在惊奇之余，反复猜测，也始终不明白这个奇迹是怎样出现在苹果上的。"

这位校对员的知识比较丰富，他知道这些苹果皮上的字迹是趁苹果还呈青色时用纸剪成字形贴在上面，等苹果长成熟时将纸揭去，就留下了字迹，可以说做法非常简单。他心想，这段文字如果登了出来必会被人讥笑，认为他们的主笔愚蠢，连这样一点小"魔术"也不懂，因此他便大胆地将这段文字删掉了。

第二天一早，丹诺先生看到当天的报纸上居然没有自己圈定的关于"奇异苹果"的新闻，立刻气呼呼地找到这位校对员，问道："昨天原稿中有一篇我用红笔勾出的关于'奇异苹果'的文字，为何没有登出来？"那位校对员诚恳地把他删掉该段文字的理由说明后，丹诺先生立刻十分诚挚地说："原来如此！是我错了，我向你道歉，你做得十分正确。以后只要有确切的理由，即使我已用红笔勾出，你也可以自己决定，该删就删。"

"人非圣贤，孰能无过。"人在一生当中不可能永不犯错。领导者是人不是神，也有会犯错误的时候。问题的关键是，很多领导者都认为，作为领导，自己的形象和权威是至关重要的，承认错误和改正错误是很让人丢面子的一件事。但是，他们忽略了另一个重要的问题，那就是如果一个错误都不肯承认的话，结果只会是一错再错，最后无法收场，那么作为领导又有什么形象和权威可言呢？

的确，领导者在犯了错误的时候推诿责任，有时可以保全自己一时的形象，但也失去了最为重要的资源——员工对自己的信任。一次的回避，对自己形象的维护也许是有利的，但百密总有一疏，如果一旦养成习惯那就很容易露馅，员工对领导者的品质与工作能力必然会产生差评。这个时候，领导者就会成为一个众人口中的"伪"英雄，并且永远不会成为团队的精神领袖，永远也不会成为员工眼中的榜样，"以身作则"这四个字也就无从谈起了。

事实上，犯错误并不丢人，关键是能否勇于承认错误并加以改正。领导者在员工面前承认自己的错误并不是一件丢脸的事情，而是一种敢于负责任的表现。一个敢于在员工面前承认错误的领导不仅不会因此而失去在员工心中的威信，反而会得到员工进一步的尊敬和爱戴，其敢于认错担责的行为也会在员工中起到意想不到的激励效果。

2001年，美国戴尔公司的许多业务骨干和技术能手都想跳槽，这对公司来说是一个巨大的灾难。于是，公司CEO迈克尔·戴尔下令调查原因，结果却出乎意料，跳槽原因竟是出自戴尔本身：多数员工认为戴尔性格腼腆、感情淡薄且不近人情，所以员工们对他没有什么亲切感以及忠诚感。

反馈信息上报之后，戴尔进行了深刻地反思。几天后，他当众对手下20名高级经理认错，承认自己过于腼腆，有时显得冷淡、难于接近，并承诺将和他们建立更直接的联系。员工对"极度内向"的戴尔公开认错非常震惊——如果戴尔都可以改变自己，其他人有什么理由不效仿呢？就这样，一场人事危机就在戴尔的道歉中慢慢地化解了。这些公司骨干们兢兢业业，不断地推动着公司快速成长。2005年，戴尔公司被《财富杂志》评为"美国最受赞赏企业"且位列第一。

当有记者问戴尔有什么管理公司的秘诀时，戴尔说自己并没有什么高招，只是能够坦然承认自己的错误并加以改正罢了。有人问："腼腆是错吗？"戴尔的回答："如果员工说是，那就是。"随后，他给出了这样的解释："认错要认员工眼中的错，不是认自己脑中的错。"

领导者对待错误的关键在于态度，低头认错比抬头辩解要明智。员工不会因为领导者对错误的遮掩和漠视而仰视领导者，同样也不会因为领导者的坦然认错而小看领导者。相反，勇于认错会让员工看到领导者坦诚和改正错误的勇气。历代"下诏罪己"的帝王不都是增加了贤名吗？

一位哲人说："认错是一种美德。"大多数人都愿意指出别人的错误而拒不承认自己的错误。领导者要注意正确对待此类问题，要以身作则，坦然地承认自己的错误，为下属做好敢于认错的表率，这也是一种良好的激励方式。

当然，领导者向员工认错也是有一定技巧的。首先要目的明确，要把一件事情的重点凸显出来，抓住要点、认清对象，将事情原委向员工讲清楚并认真地加以改进；其次，认错时一定要态度诚恳，考虑员工的感受，用员工喜欢的方式认错，而不是用自己喜欢的方式，只有这样才能被他们接受，令他们深受鼓舞。

008

［善于自我约束，律己方能律人］

几年前，方宇在一家电器生产公司做销售工作。那时他还是一名基层的业务员，每天晚睡早起，早到晚归，经常加班到深夜，每逢休息日也坚持工作。经过几年的不懈努力，他终于以第一名的业绩博得了领导的认可，被提拔为区域经理，带领一支团队做销售业务。

最初带领团队的时候，方宇还很自律，坚持和以前一样的工作习惯。员工们看到经理做得这么好，他们也信心十足，每个人对工作都充满激情，十分努力。但是，渐渐地方宇没有了以前的上进心，对自己的要求放松了，变得懒惰起来。每天迟到早退，工作时间也只是坐在办公室里喝茶上网。他催促员工们要努力工作，自己却享受起来。

很快员工们对方宇就有了意见，他们认为作为部门主管，方宇应该帮助团队成员进步，带领团队成长，可是他开始止步不前、坐享其成了。因此，员工们开始对方宇阳奉阴违，导致整个部门的业绩直线下降。在做业绩测评的时候，方宇带领的团队排名最后。上层领导直接撤销了方宇的区域经理一职，他一下子回到了原点，只能从头开始奋斗。

通过自身不懈的努力方宇被领导提拔为区域经理，在这种情况下他为什么会失败？最大的问题是：他缺乏自律能力，在取得一定成绩时头脑发热、骄傲自满，在工作上不能严格要求自己，这样的领导是得不到员工的支持和信任的。

对于领导者来说，自律不仅是一种态度，更是一种必备的能力。自律的本意是指严格要求自己，变被动为主动，约束自己的一言一行。在这里，我们对自律的定义是：为达成组织目标而对自己的约束。

俗话说"律己方能律人"，一个人只有管得住自己才能管好别人，只有身体力行才能树立权威。担负着"管人"职责的领导者如果缺乏自律，纵容自己，今天的工作拖到明天，任由自己的坏脾气随便发作等，就会在员工那里失去威信、失去尊重，也就失去了影响力。因此，要想维护自己权威和影响力，领导者就必须学会自律，不断提高个人的道德修养，自觉抵制各种不良诱惑，做到情绪稳定和行为不失控。

美国得克萨斯州有一位"石油大王"，名为保罗·盖蒂。他在1976年6月7日去世，享年83岁。他生前是世界最富有的富豪之一，他就是一个非常自律的人，正是依靠自律获得了成功。

有段时间,盖蒂吸香烟成瘾,有时候烟瘾上来不吸就无法做别的事情。有一次,他在法国一个小城的旅馆里过夜。半夜两点钟的时候,盖蒂醒来后烟瘾犯了,他想抽烟却发现烟盒空了。怎么办呢?这时候,旅馆的餐厅、酒吧早就关门了,而且外面还下着大雨,要想抽烟,除非冒雨到几条街外的火车站那里去买。

盖蒂穿好了衣服,在拿雨衣准备出门的时候,他突然问自己:我这是在干什么?他反思自己,一个所谓相当成功的商人,一个自以为有足够理智还领导着一群下属的人,竟要在半夜三更从床上爬起来,冒着大雨走过几条街,仅仅是为了得到一支香烟?他突然体会到,他的行为多么不合乎逻辑,甚至荒谬。

于是,盖蒂把那个仍然放在桌上的空烟盒丢进了废纸篓里,换上睡衣回到了床上,他仿佛得到了解脱一样,只用了几分钟就进入了梦乡。自从那天晚上后他再也没有抽过一支烟,也没有抽烟的欲望。"管住自己,也就能管住一切",凭借此信念,盖蒂的事业越做越大,终成世界顶级富豪之一。

现如今,社会竞争异常激烈,各种诱惑无处不在,领导者肩负着更多的责任,为了企业和员工的利益,必须要有很强的自制能力。

自律难得,也不容易培养。成为一个自律的人是一个长期的过程，不是一朝一夕能达成的。自律需要强大的意志力做支撑。比尔·盖茨说："我个人以为，既然想要做出一番事业，我们就不能太善待自己，只有自律的人，才能够最后取得事业的成功。"但愿领导者都能够如同比尔·盖茨一样，"不能太善待自己"，严格要求自己，以优秀的品行为员工树立榜样，有效地激励员工与自己共同奋斗。

第二章

物质激励：
金钱不是万能，而是基础

团队成员为组织做出贡献，主要目的就是取得薪资报酬，以维持和改善日常生活。所以，采取适当的物质奖励作为激励，对于强化企业管理、调动员工积极性是十分必要的。而且，这往往是激励员工的起点和基础。

001

［别忽视或低估物质激励］

　　米勒先生对石油行业很在行，而且经验丰富，对于这样优秀的人才，经理保罗·盖蒂自然很器重并委以重任，派他去管理洛杉矶郊外的油田。在米勒到岗一个星期后，盖蒂前来视察，结果却发现米勒正坐在办公室里看报，那里的面貌没有发生太大变化，依然存在员工散漫和机器闲置等现象，工作进度慢，油田的利润也没有提高。

　　针对这些状况，盖蒂要求米勒提出改进的措施，米勒立刻答应了。可是一个月后，当盖蒂再来检查时，发现油田利润还是没有什么提高，便严厉地批评了米勒。谁知，米勒慢悠悠地说："先生，我每天都尽心安排好手下的工作，保证所有的工作可以照常进行，这已经算是尽职尽责了，非常符合您给我的薪酬。"

　　米勒的回答让盖蒂大为震惊，他默默地走开了。经过一段时间的思考，盖蒂直截了当地对米勒说："从今天起，你的薪酬会翻三倍，希望你能够在两个月之内把石油的产量提上去。

如果你能够做好甚至做得更好的话,薪酬还会增加的。"

米勒思索了一下,欣然接受了安排。

接下来,米勒改变了过去那种长期坐在办公室看报表的管理办法,他几乎每天都到工地上检查工作和督促员工,对一切工作都进行了一环扣一环的安排和调整,减少了整个油田人力和物力的浪费。米勒积极的工作态度带动了其他员工的工作积极性。渐渐地,洛杉矶郊外油田的面貌发生改观了。

事例中,米勒的薪酬翻了三倍,这对于盖蒂来说,诚然是一种经济上的损失。但正是这种金钱上的鼓励使得米勒开始更认真、更负责地投入工作中,他的潜能得以充分发挥,油田的产量和利润都大幅度增长了,盖蒂的收入更是呈几何级数增长,最终实现了双赢的效果。

有领导者认为,给员工低薪酬可以降低成本支出,提高公司的利润。事实上,这是一个严重的误区。因为当员工没有获得相对满足的物质条件时,他们是不可能全力以赴地工作的。在这种情况下,就会出现消极怠工、工作质量下降等问题,反而大大提高了财务成本,是得不偿失的。

《史记·货殖列传》说:"天下熙熙,皆为利来;天下攘攘,皆为利往。"人们之所以忙忙碌碌追求的就是一个"利"字。的确,物质是人类生存的基础,物质利益对于人具有永恒的意义。有句话说:"金钱不是万能的,没有金钱是万万不能的。"

金钱是人最根本的生存需求之一，没有谁能脱离物质而存在。

所以，领导者万万不能忽视或低估物质激励。领导者的首要任务就是满足员工的物质需求。薪酬作为金钱的直接体现，是激励员工的起点和基础。只有满足了员工基本的生存需求，其他更高层次的激励才能发挥作用。

星巴克公司创建于1987年，仅仅二十多年的时间，它就从小作坊变成在五大洲有5000多家连锁店的企业。如此飞快的成长得益于星巴克董事长霍华德·舒尔兹，他虽出身贫穷，但总是把员工利益放在首位，对员工进行了大量的物质上的激励。

与零售业其他同行相比，星巴克雇员的工资是十分优厚的。星巴克每年都会在同业间做一个薪资调查，经过比较分析后，每年会有固定的调薪，保证自己的薪资不低于其他公司。舒尔茨还给那些每周工作超过20小时、家境比较困难的兼职员工发奖金，可能钱不是很多，但会力争使员工家里的长辈、小孩得到足够的照顾，这让员工感到公司对他们非常关心，所以他们心存感激，对顾客的服务也就越来越周到。

20世纪90年代中期，星巴克的员工跳槽率仅为6%，远远低于快餐行业钟点工14%～30%的跳槽率，有媒体说："如果舒尔茨是这个咖啡帝国的国王，那么员工们就是他忠实的臣民。"多年来，星巴克公司连续被美国《财富》杂志评为"最受尊敬的企业""最受员工喜爱的企业",这可以说是实至名归。

最好的领导者总是在员工要求增加工资前做好充分的考虑,他们会主动调查市场,及时给员工支付相应的报酬,并且尽量保证员工的报酬比其他公司高,这样就可以让员工将宝贵的精力和智慧用于把工作做到最好,而不是用于计较个人报酬的多少。

除给予员工合理的薪酬外,领导者还要及时发现在工作上表现优秀的人才,并且尽量在第一时间给予物质奖励。由于工作努力而受到物质奖励,这会使员工认识到领导在注意他的表现,他/她会有被承认的满足感和被重视的激励感,进而持续保持高昂的工作热情和强烈的责任心。

美国福克斯公司刚成立时,急需一项事关前途命运的技术改造。一天深夜,一位科学家想出了一个能解决问题的方案并闯进了总裁的办公室。总裁听后觉得这个主意非常妙,想马上奖励这位科学家,但是环视四周,发现没什么有价值的东西,他弯下腰翻遍了办公桌的所有抽屉,终于找到了一样东西。

总裁抱歉地笑了笑,躬身对那位科学家说:"为了感谢你的贡献,我把这个奖给你,这是我现在能拿得出的唯一奖酬了。"科学家一看,总裁手上拿的竟是一只香蕉,不过他还是很高兴地接受了这个特殊的奖酬。

从此以后，美国福克斯公司将香蕉演化成小小的"金香蕉"造型别针，作为公司对做出重大科学成就员工的最高奖赏。

记住，领导者对员工进行物质奖励的目的是使员工的努力有所获得，使员工感到自己的价值得到了领导的认可和赞赏，要尽量使报酬支付的形式简单化，过程简洁化，让人一目了然，因为事情弄得越复杂，越容易招致员工的不满和争议，这样一来激励的效果就大打折扣了。

002
[让奖金与绩效真正挂钩]

在某公司，业绩与员工工资没有特别的关系，但与员工的奖金却有很大关系。员工的奖金与公司的业绩成一定比例，奖金一般可达到员工工资的60%，对于成绩突出的员工，还有其他的奖励。

员工在公司得到提薪的途径一般有职务提升、考核优秀或有突出贡献等。被公司评为最佳员工者和有突出贡献的员工都有相应的奖金，其中突出贡献奖、最佳员工奖、突出改进奖的奖金额度一般不超过其年薪的20%。

公司每年都要进行绩效评估，员工的工作也分为几个等级。按照公司的目标一般员工达到良好，可能有5%～10%的员工达不到，但通过调整还是可以接受的；还有不到5%的员工确实无法达到目标。对这两组人员采用激励程序，经理会告诉他们无法达到目标的员工：你的工作做得不好，需要马上改进。对于做得非常好或有突出贡献的员工，如果他们还有潜能的话，可能会提升他们去担任更高的职务。对大部分做得不错的人，公司会让他们在原岗位上继续工作。

公司里每个职务的薪金都设立一个最低标准，即下限。当然，规定下限并非为了限制上限，而是为了保证该职务在市场上的竞争力。据介绍，一般职务上下限的差异为80%左右，比较特殊的职务可能会达到100%，而比较容易招聘的职务可能只有40%的差异，总之有确切的数字可以证明员工的成绩。

奖金是员工绩效和薪酬管理中最为重要的一部分，在传统的企业管理中，奖金一般都是平均分配的，人人有份或者轮流"坐庄"。在这种情况下，向员工们发放奖金虽然也是一种物质激励的方法，但是实际效果却往往不够理想。换位思考一下便可知其中原因，当员工发现那些工作不如自己勤奋的人也得到了相同的奖金，他会怎么想？是不是会觉得自己所做的和所得到的毫无关系，付出与回报不成比例，所以很快就会不在意自己的工作是否努力？

事实上，一套奖金计划能成功的要素之一便是使员工相信经过自己的努力可以获得相应的奖励。因此，只有为员工提供有竞争力的工资，并将员工的奖金与业务目标挂钩，才能发挥金钱激励的最大效果。

的确，建立和完善"奖金与工效挂钩"的绩效管理机制，并通过这种机制合理分配员工奖金，充分体现了"各尽所能、按贡献分配"的原则，也就意味着对企业的贡献越大就越能拿到更多的奖金，这种激励方法会使员工的工作积极性不断提升，企业效益明显增长。

"凡事预则立，不预则废"，如果领导者已经下定决心运用奖金的办法来激励员工，下一步领导者就需要建立一套行之有效的奖金激励计划，以更好地发挥奖金的激励作用。以下可以使领导者的奖金激励计划更加有效：

1. 奖励标准要科学合理

一方面，奖金计划的奖励标准必须根据员工的实际状况来制定，使员工通过努力可以完成，因此措施必须科学合理，否则就很难发挥激励作用。另一方面，员工可以控制整个工作过程，自己越努力，工作绩效越会相应提高，报酬也会相应增加。

2. 计划要透明便于计算

奖金计划要透明便于计算，这一方面可以使员工了解详情，减少疑惑，增加对企业的信任。另一方面，领导者也清楚奖金数额，便于有效管理。

例如，对于一个工厂里的工人来说，这一天超额生产了多少产品，他马上可以算出来会得到多少奖金。如果已经超过了定额，他会加快进度、提高效率，以便拿到更多的奖金。对于领导者而言，也可以通过计算快速掌握员工拿到奖金的数额，及时给予鼓励，使奖金计划行之有效。

3. 设立有效的依据标准

奖金计划所依据的标准必须确定，要规定什么情况下的标准有效。一旦确定了标准，领导者便不能随意提高或者降低；奖金标准还必须具体，有一个明确的衡量指标，绝对不能含含糊糊，比如要求属下"尽你的所能"，这样即使有奖金计划，也难以发挥有效的激励作用，还有可能引发领导者与员工之间的矛盾。

4. 不断完善规章制度

世间没有不变的事物。在公司发展的道路上，在实施奖金计划的实践中，新问题、新情况会层出不穷，旧的规则也会出现各种各样的漏洞。作为领导者应该及时进行合理的补充或是进行大胆改革，让制度随着公司的发展而完善，不可一成不变，否则激励效果会大打折扣，最终影响公司的发展。

003
[如何强化福利的激励作用]

有一份《日资企业薪资福利调研报告》显示如下：

在休假制度的设置上，欧美企业按员工服务年限设置的占69.2%，参照职位设置的占7.7%。而在日资企业中，82.3%的日企参照服务年限设置休假制度。显然，日企员工为公司服务年限越久，无论是在什么职位上，越能得到更长的休假时间。

在住房福利项目设置方面，日企表现得更为突出。在所有接受调查的企业中，有17.6%的日企为员工设立了补充住房公积金，而仅有7.9%的欧美企业设置了这个项目。在住房津贴的设置上，两者分别占35.3%和31.6%。此外，约有23.5%的日企为员工提供宿舍，而欧美企业的相关数据为13.2%。

近年来，某些日本企业更是想出不少特色福利措施。"失恋休假""免费酒吧"就是其中的典型例子，其中一家女性市场调研公司三年前开始实施"失恋休假"：因失恋造成难以从事工作的未婚职员每年可以享受一次有薪假期。对此，相关人士表示："与其无法集中精神导致工作出现失误，还不如干脆让她放假休息。"

高薪只是短期内人才资源市场供求关系的体现，福利是薪酬体系的重要组成部分，反映了企业对员工的长期承诺。完善的福利系统对吸引和留住员工非常重要，它也是公司人力资源系统是否健全的一个重要标志。福利项目设计得好，能给员工带来方便，解除员工的后顾之忧，提升员工对公司的忠诚度，与薪酬一样能有效地激励员工。

现如今，众多在企业里追求长期发展的员工更认同福利而非高薪。留心观察一下，我们会发现，有一些公司的工资在同类性质的企业中虽然处于中等偏下的水平，但是由于其时时能为员工创造良好的福利，所以仍然吸引了很多优秀人才。相反，一些薪资高而福利一般的企业，尽管初期靠高薪吸引了不少优秀人才，但由于福利水平不到位，这些人才还是陆续选择了离开。

因此，领导者若想激发员工的工作热情，除给员工提供一定的物质奖励外，还要加大在福利方面的资金投入，充分发挥福利的激励功能。

大体来说，员工的福利项目可以分成两类：一类是强制性福利，企业必须按政府规定的标准执行，比如养老保险、失业保险、医疗保险、工伤保险、住房公积金等。另一类是企业自行设计的福利项目，常见的如人身意外保险、家庭财产保险、旅游、服装、误餐补助或免费工作餐、健康检查、俱乐部会费、提供住房或购房支持计划、提供公车或报销一定的交通费、特殊津贴、带薪假期等。

随着员工对福利的需求日增，福利在整个报酬体系中的比重越来越大，甚至成为企业一项庞大的支出（在外企中能占到工资总额的30%以上）。但有一个越来越突出的问题是：对有些员工而言，由于福利的激励性不大，有的员工并不领情，福利计划无法发挥必要的成效。

企业从巨额的福利投资中得到很少甚至得不到回报，福利失去激励作用，原因何在呢？事实上，应当归因于领导者没有深刻地认识福利的功能，没有下功夫去研究如何管理福利，或者没有随着环境形势的变化，及时地去修正福利管理上存在的不合理。

那么，领导者应该如何强化福利的激励作用呢？

1. 以员工的贡献为基础

企业采取福利措施，目标是使员工行为与企业行为保持高度一致，有效地将广大员工团结在一起，齐心协力，实现企业利润最大化。福利从本质上讲是一种补充性报酬，既然是报酬，应当以员工支付的合理劳动为对价，以员工的贡献为基础。因此，领导者可以将福利设定为不同的等级层次，规定什么样的福利属于保障性福利，是全体员工都应享有的；什么样的福利属于绩效性福利，只有工作绩效达到标准时才能享有，而且达到不同的绩效，可以享受不同的绩效福利。

2. 对福利政策进行适当宣传

对于某些员工来说，福利似乎是看不见、摸不着或者想当然的东西，这种观念势必会削弱福利的激励效能。为此，企业应当采取恰当的宣传方式，将企业的福利政策内容告诉所有员工。比如，把福利政策明明白白地写进员工手册，让员工都清楚企业有什么福利，不同的福利对自己的要求是什么，明确自己应该朝什么方向去努力。这是企业应尽的义务，要让员工有知情权。

3. 适当采取自助式分配

由企业领导者为员工安排福利的时代已经过去了，不同的人有不同的需要，员工需要的是自我满足和适合他们自己的福利。因此，领导者在福利分配上应当充分尊重员工的需要，让员工发挥主动性，适当采取"自助餐"式的福利分配方式，最大程度地满足不同员工的差异性福利需要，只有这样激励效果才会显著。不过，这种方式需要企业有能力提供可选择的多样化方案，而且要本着"人无我有、人有我精"的原则，尽量搞出有自己企业特色的福利，有特色才有吸引力。

4. 适时增减福利项目

一般来说，企业绩效随着市场环境变化会有起落，企业的福利一定要及时反映企业绩效的变化。企业绩效转好，应当适时地增加一些新的福利项目；企业绩效下降，也要相应地裁减部分福利项目。要通过员工福利的变化，让员工感知企业生存的变化，取得员工对企业的认同感，如此也就能够激发员工的主动性和积极性。

5. 福利要公正兑现

这里所谓的公正兑现，一方面是指，企业领导者要说到做到，言行一致，对员工做出的福利承诺，在时机成熟时一定要兑现，否则就会失信于人、弄巧成拙；另一方面是指，给某些员工发放特别福利时要依据政策，要让其他员工心服口服，让他们了解该项福利确确实实是这些员工理所应得的。

004

[适时给员工一份意外惊喜]

马强是某一私营企业的职员，他平时工作勤奋努力，一心想多拿一些报酬，但是公司经理为了照顾全体员工的情绪，实行轮流得奖的政策。这使马强产生了厌倦的工作情绪，在工作中经常烦躁不安，甚至有了跳槽的想法。

正当马强纠结时，经理把他叫到办公室，对他近期的工作进行了一番赞赏，然后给了他一个大红包，说："我知道轮流得奖的政策有失公平，为此，我给你特意准备了一个红包。拿着吧，这是你应得的。"

马强拿着红包，心情一下子就好多了，他想：原来这些日子我的努力没有白费，经理都看在眼里了，而且工作成绩也受到了他的认可。这件事情之后，马强又怀着愉快的心情努力工作了。

很多企业实行"大家评奖，当众发奖"的办法奖励员工，这样做可以树立榜样，激发员工的上进心。但它也有不足，由于大家评奖，面子上过不去，于是最后轮流得奖，奖金也成了"大锅饭"，失去了预期的激励作用。为了避免这种"明奖"带来的弊端，领导者不妨学学事例中的这位经理，在必要时暗地里给员工一个意外的惊喜。

暗地里给员工一个惊喜，可以给员工一个暗示——他/她的工作表现领导心里是非常清楚的，得到惊喜的员工在感激之余自然会加倍努力。而且，这种隐蔽的奖励方式不会对其他人产生不良刺激，不会引起其他员工的不满。

偶然的奖金更能让员工喜出望外、刻骨铭心，它可以用来酬谢员工特别的成就或特殊的努力，也可以在一些重要的节日或重要的活动中调动气氛。奖励的理由也可以是各种各样，有奖励员工个性特点的：如员工工作认真勤奋、踏踏实实、热爱本职工作、有能力、富有创造精神等等；也有奖励工作业绩的：

超额完成任务、本月无残次品、质量检查认真负责任等；也可以根据一次偶然的事件实施奖励，如某员工提出一项合理化建议、因检修工的细心避免了一次小事故、某员工表现出了爱企如家的行为等等。

　　信治郎是日本桑得利公司的董事长，他是一个善于激励员工的企业家，经常会在一些特别时刻奖励员工，而且他发奖金的方式也很特别，这些出人意料的方式常常让员工感到十分惊喜。

　　一次，一名销售人员取得了不错的销售业绩，信治郎决定奖励他一笔钱。年终时，他把对方单独叫到了办公室，对他说："由于本年度你工作业绩突出，公司决定奖励你，这是给你的红包，请你收下！"

　　该员工非常高兴，谢过信治郎后拉门要走，信治郎突然说道："回来，我问你件事。今年你有几天在家？陪了你妻子多少天？"该员工回答说："今年我在家不超过十天。"信治郎惊叹之余，从抽屉里拿出了一个红包递给该员工，对他说："这是奖给你妻子的，感谢她对你的工作无怨无悔地支持。"

　　该员工谢过信治郎之后，正要退出办公室，信治郎又问："你儿子多大了？你今年陪了他几天？"该员工回答说："我儿子不到六岁，今年我没好好陪过他。"信治郎又拿出一个红包，递给该员工，说："这是奖给你儿子的，告诉他，他有一个伟大的爸爸。"

该员工热泪盈眶，千恩万谢之后刚准备走，信治郎又问道："今年你和父母见过几次面？尽到当儿子的孝心了吗？"该员工难过地说："一次面也没见过，只是打了几个电话。"信治郎感慨地说："我要和你一块儿去拜见伯父、伯母，感谢他们为公司培养了如此优秀的人才，并代表公司送给他们一个红包。"

这名员工此时再也控制不住自己的感情，哽咽着对信治郎说："多谢公司对我的奖励，我今后一定会更加努力。"正是因为信治郎给予的这种惊喜，桑得利公司的员工们大受感动，并努力工作以回报公司。

不过，信治郎给员工发奖的方式还不止是这样。有一次，桑得利总务处的一名员工把一个写错了价格和数量的商品邮件寄了出去，信治郎知道后，马上命令员工把它取回来。这位员工立刻前往船场邮局，把邮件取了回来。看到邮件，信治郎露出了欣喜的笑容，他并没有批评那个员工，而是真诚地说："你辛苦了！"接着，他又拿出一件礼物，说道："这是奖赏给你的。"

每个员工都希望自己所做的事能够被领导认可，希望自己点滴的努力和进步能够被领导肯定。领导者时常关注自己的员工，不时地给他们一个意外惊喜，这种出人意料的奖赏一定会起到非常强烈的激励作用，这样员工工作起来也会更加卖力。

当然，暗地里送惊喜的方式，并不排斥明奖的作用。明奖和暗奖各有优劣，应两者兼用，各取所长。比较好的办法是大奖用明奖，小奖用暗奖。例如年终奖金、发明建议奖等用明奖方式；月奖、季奖等宜用暗奖，可以更好地发挥激励作用。

005

[对待高层次人才要舍得付出]

一个人下海经商后一夜暴富，以后他再出门做生意总是感到不踏实，既担心有人要抢他的钱，又担心别人要骗他。为此，他不惜花重金请来一位身材魁梧又足智多谋的勇士做他的保镖。

虽然这位勇士尽职尽责，帮了商人不少的忙，但是商人仍觉得他的薪水太高了，便准备换用三个普通的保镖，这三个人加起来的薪水都不如那位勇士一人的多。得知自己被解雇后，勇士并不难过，一言不发地离开了。

没过多久，一群人前来抢商人的钱财，三个普通保镖很轻易地被打倒了，眼看商人的钱包就要被洗劫一空。这时，那位勇士及时出手相救，商人的钱财保住了。商人决定把勇士留在身边，不惜高薪聘用他。

这个故事告诉我们一个道理：兵不在多，而在精。用人时，与其聘用众多才能平庸的人，还不如聘用一个能力强的人。毕竟一个人若真能力出众，高薪聘用也值得。

在工作中，不管领导者用多么美妙的言辞表示感激，不管领导者提供多么良好的工作环境，倘若无法满足员工期望的报酬，不能实现自己的价值，还是留不住人才的。高薪聘用人才，彻底解决员工物质方面的后顾之忧，这样才能留住他们，激励他们更加出色地工作。

对此，鲁思·布力拉姆桑颇有感触，她是波士顿一家企业的高级副总裁，她认为，当下市场竞争非常激烈，争夺人才的战争正在不断升级。她奉劝所有企业领导者："首先在薪酬方面必须与竞争者保持平衡，而且要更有竞争力，说白了，就是要给真正的人才提供高薪。只有做到这一点，才能稳固激励人才的基础。"

为了激励公司推销员搞好推销，玛丽·凯规定：凡连续三个月推销出3000美元产品的推销员，可以获得一辆乳白色的"奥兹莫比尔"轿车。诸如此类的奖品价值随着推销产量的增加而逐级增加，一直到一等奖是一辆粉红色的"凯迪拉克"轿车，头奖则是一个镶着钻石的由黄金制作的黄蜂，并且在隆重的"美国小姐"加冕仪式上颁发。这些奖励是真正的重奖，它们不但价值昂贵，而且与崇高的荣誉连在一起，这无疑大大刺激了推销员的积极性，玛丽·凯化妆品公司的销量与日俱增。

玛丽·凯之所以推出这种重赏奖励，与她在史丹利公司工作时的一段经历有关。当时有些女推销员工作非常出色，因此获得"推销皇后"的奖励。玛丽·凯借了12美元前往达拉斯参加年会，去向当年的"推销皇后"请教她的推销之道。她发誓第二年也要赢得奖赏，后来这个目标真的实现了，可是玛丽·凯得到的奖品却只是一个诱鱼用的水中手电筒，这让她失望极了，感到哭笑不得。

由此，玛丽·凯深刻地认识到，在公司里，奖励员工的时候绝对不能马虎，必须要舍得下"血本"，要真心体现出优秀推销员的价值。她是个富有想象力的人，于是就有了粉红色"凯迪拉克"和金黄蜂的出现。

奥兹莫比尔、凯迪拉克和金黄蜂……一个公司能如此豪爽地犒劳自己的员工，怎能不令人震撼？如此舍得重奖员工，员工又怎能不用心做事呢？

古人曰："重赏之下，必有勇夫。"意指在丰厚赏赐的刺激之下，一定会有勇敢的人接受任务或者挑战。换句话说，用大量金钱作为鼓励，一定能极大地调动起员工的积极性，激发其工作热情，使其为企业效力。尤其是在对待高层次人才时，领导者一定要舍得"下血本"。

爱尚是一家新创办的家电生产公司，他们一直渴望在家电市场上大展拳脚，可是，由于其产品的磁粉技术过不了关，导致产品一直无法上市。该公司决定公开招聘这方面的专家进行攻关，但是，茫茫人海中，懂得磁粉技术的人才寥寥无几，能够帮助他们攻克难关的人才更是不见踪迹。

正在进退两难之际，该公司听说另一家家电生产公司的总工程师师海峰对此项技术有专门的研究经验，或许能够帮助他们解决磁粉的问题，于是，公司总裁就派高层人员去游说师海峰跳槽，并许诺支付他比原公司高出三倍的工资。然而，师海峰所在公司为了留住他，也许诺加了薪。

那位前去游说的高层人员回来汇报了这个情况，总裁想了一下，说："告诉师海峰，无论那家公司给多少薪酬，再乘以二，这就是我们给出的薪酬。"公司其他人纷纷劝说总裁要三思，毕竟对方公司的薪酬已经很高了，但是，总裁决心已定，坚持不惜重金也要挖到这个人才。

最后，爱尚家电生产公司终于把师海峰挖到了手，磁粉问题很快就解决了。新产品上市后以其技术新、质量高、价格适中的优势，迅速占领了市场，给这家曾在人才争夺战中付出很大代价的公司带来了丰厚利润。

一般来说，专业人才在一家公司身居要职，参与过公司的经营决策，了解公司的商业经营模式，甚至会直接决定公司的生存与发展，这种人是值得高薪"挖掘"的人才。用重金"买"人才虽然只是用利益来引诱人才流动，但更重要的是能让人才感到自己被重视，他/她由此也会从利益的另一端出发思考问题，会对重视他的公司产生好感。只要领导在以后的日子里继续坚持尊重人才、爱护人才的理念，善待人才、重用人才，那这种重金"买"来的人才同样是很可靠的。

当然，在决定以高薪聘用优秀人才时，要注意以下几个问题：

1. 衡量实力，量力而行

领导者应该清楚，聘用优秀人才将大大增加公司的人工成本，使公司利润暂时性下降，而且公司经营状况的好转、赢利的增加需要经历一个较长的过程，如果在这个过程未结束时公司已经无法负担人工成本，那么高薪聘用的人才将加重公司的负担，使公司的状况变得更坏。然而此时若降低薪酬水平，更会引起所引进人才的不满，使其士气降低。因此，在决定以高薪聘用人才时要先衡量一下公司的资金情况，量力而行。

2. 急需急用，方能出手

倘若公司支付重金聘到的员工能力不足，无法为公司发展贡献力量，难以胜任其所担任的职位，那么公司将会为此付出沉重的代价；另一方面，如果公司无法给人才提供施展才能的平台，不具备应有条件时，人才自身也很难充分发挥自身能力，很可能会因此而萎靡不振。因此，领导者在高薪聘用人才之前一定要考虑清楚，公司需要哪方面的人才，所聘用的人员是否具备这方面的素质，是否是公司真正急需的高级人才，公司硬件等条件是否具备。通过认真考察、对比分析，确定是急需急用，方能出手。

3. 给予信任，展其才华

作为一名优秀的领导者，要慧眼识人才，舍得投入大笔的资金引进人才，并懂得人尽其才。高薪聘请人才后还要注意给予人才充分的信任。只有这样，对方才能真正地感受到被重视、被信任，从而尽情地施展自己的才华，为公司的发展开拓更广阔的天地。

006

[善用股权激励留住人才]

微软公司1975年创办之时只有3名人员。如今，微软公司的员工人数和市值早已今非昔比。在当今这个跳槽普遍盛行的时代，为什么微软能够"生产"数以千计的百万富翁，且员工对公司忠心耿耿？重要的一个原因就是微软利用股权策略网罗并留住了众多顶尖人才。

微软公司职员主要的经济来源并非薪水，股票升值是主要的收益补偿。公司故意把薪水压得比竞争对手还低，创立了一个"低工资高股份"的典范，微软公司雇员拥有股票的比率比其他任何上市公司都要高。一个员工工作18个月后，可以获得认购股权中25%的股票，此后每6个月可以获得其中12.5%的股票，10年内的任何时间兑现全部认购权，每两年还配发新的认购权。不仅如此，员工还可以用不超过10%的工资以8.5折的优惠价格购买公司股票，还可以通过贷款购买公司股票。

对于微软公司的每一个人来说，他们的奋斗目标非常明确，就是让公司在激烈的市场竞争中脱颖而出，让市场接受公司，让公司股票上市并且不断增值，员工持有的股票会自然增值，劳动价值就会得到充分补偿。

在这些年里，微软公司通过股份参与的方式吸引和留住了众多有才能的员工，并且有效地激发了员工的工作积极性和创造性，有千余名员工凭借股票期权成为了百万富翁。

以调动人的积极性为主旨的激励政策，现在已经成为管理的基本途径，员工持股计划正是这样一种新的激励方式。员工持股计划是指企业员工通过投资购买、贷款购买或红利转让、无偿分配等方式认购本公司部分股权。实施员工持股计划的目的，是通过让员工享有剩余利润的分配权，让员工拥有劳动者和所有者的双重身份，以激励员工为公司价值提升多做贡献。这是一种特殊的报酬计划，是企业激励机制的一种形式。

为了方便理解，我们可以举一个简单的例子。例如，一位员工加入公司时被告知，在5年之内允许以每股10元人民币的价格购买公司的股票，即使那时公司的股票已经涨到了20元人民币或者更多。在兑现期权的同时，这位员工就可以获得收益，随后他可以自由操作自己的股票。

由此可见，员工持股计划的奥妙就在于将员工的收益与其对企业的股权投资相联系，可以将员工个人利益同企业的效益、管理和员工自身的努力等因素结合起来，使大家的行为与利益都高度统一在公司的经营目标上，从而极大地激发员工对公司的关切度和参与工作的热情，这是一种行之有效的激励方法。

在我国，劳动力的流动日益频繁，人力资源的配置存在着很大的自发性和无序性，而且劳动力技术水平越高，人才的流动性也越大。然而购股选择权和其他建立在股份基础上的奖励措施，使员工的长期利益与公司的长远发展紧密结合在一起，对于激励人才、留住人才是非常有效的，尤其是不安心于本职工作的人才。

另一方面，社会的不断进步使人们的观念也不断转变。高薪不再是人才追求的唯一目标。公司通过员工持股可以建立一种崭新的利益激励机制，真正实现让员工当家作主。员工持股后也会成为公司的主人，他们会把公司当成自己的家，而不仅仅是打工挣钱的地方。员工感觉到是在为自己工作，是在为自己的家添砖加瓦，这无疑会使公司内部的凝聚力得到极大的提升。

从产权主体多元化角度来说，持股员工作为股东享有经营决策的监督权。这种监督从关心自身利益的角度出发，因而是自发的、持续的，不需外部激励的。在员工的监督下，管理层的决策将会更加科学和更加有效，特别是随着董事会人员成分的变化，将使企业的产权更加明晰、权责更加清楚、管理更加科学。

总之，员工持股计划是一种有效的激励计划，领导者可以借鉴微软的做法，让高级管理人员、业务骨干和技术骨干人员等多持股，通过股权"锁死"优质员工，实现利益共享、效益共创、风险共担、责任共负，进而形成有效的激励机制，调动全体员工的积极性和主动性，增强企业的凝聚力和向心力。

第三章

尊重激励：
被给予尊重的人更加忠诚

要留住一个人才，靠的不只是待遇，也不只是金钱，关键是要留住他/她的心。与员工推心置腹地交流和沟通，用自己的诚意来感染他们，让尊重生发出的感召力换来的员工忠诚，最终转化为组织的创造力、战斗力和凝聚力。

001

[放下领导架子，和员工平等相处]

日本某矿业公司在工厂召开庆功大会。会上，大家纷纷为本年度取得的优秀成绩而兴奋，为了让大家的情绪达到高潮，总裁秘书想出了一个办法，将一个分公司的副经理抛到旁边喷泉的水池里，表演"旱鸭子"游水。总裁同意了秘书的提议，就和董事长讲了这件事，董事长想了一下，提议自己上阵。

接着，董事长站到了主席台上，对参会人员说："刚刚秘书小姐提议让我表演一个节目，我同意了，接下来，我就要在水池中为大家表演一个"旱鸭子"戏水的节目，大家注意，我要表演了。"说完，他就跳入水池，游起泳来，惹得所有人哈哈大笑，会议在大家热烈的情绪之中圆满地结束了。

事后，总裁问董事长："你为什么要亲自跳下去呢？是因为你喜欢游泳吗？"

"我是喜欢游泳，但是我可不喜欢当众表演游泳。"董事长回答说，"如果让那些职位低的人表演出洋相而博得他人的开心，职位高的人却端着一副领导的架子让人敬畏，这样做就不得人心了。"

优秀的领导要想做好工作,首先要学会放下架子,和员工平等相处。只有平等相处,彼此的关系才能融洽,员工才能积极主动地将工作做得更好。这位董事长肯放下自己领导的架子,代替副经理用搞笑的表演去博得众人欢笑,其实是非常高明的,放下架子不仅是领导者良好修养和自信的表现,同时也是尊重员工的一个重要前提。

遗憾的是,在有些地方、有些企业,少数领导者不懂得这一道理,反而有一种"我是领导、你是员工"的观点,习惯于在员工面前"摆架子",面对员工时态度生硬、颐指气使,动不动就训斥一番,这自然就拉开了领导和员工之间的距离,让员工敬而远之,甚至会对领导的行为嗤之以鼻。

全球最大的护肤品企业玫琳凯的创始人玫琳凯·艾施女士就经常与员工们一起聊天,她对员工如同姐姐对待弟弟妹妹,甚至被员工视为长辈。她说:"在我的许多员工眼里,我的形象实际上是慈母。他们认为,我是十分关心他们的人,他们信任我。我多次听到我的员工说,'玫琳凯,我的妈妈去世好几年了,我现在就把你当作妈妈了……'每当听到这种话,我就为我们彼此间的亲密感到无上光荣。"

总之,放下了领导的架子,用平等的身份和员工进行亲密的交谈和相处,可以破除员工长期处于下压式的领导的逆反心理，使员工产生一种安全感和认同感，进而激发他们的工作热情，促使他们发挥出最大的积极性和创造力，无疑这种管理称得上是成功的。

不仅如此，一个重视人才、尊重人才的领导者还要能放下自己的架子，"三顾茅庐"去招人，真心诚意对待员工，而不是说："招聘是人事部门的工作，你们自己去做。"

作为微软公司的总裁，比尔·盖茨的日程安排紧张，但是他把至少20%的时间放在了招聘上，亲自审阅每一家公司将要雇用人员的人事档案。他甚至可以不参加战略并购方案的讨论，而把时间用来看简历。

总有一些优秀人才不想来微软工作，这时，比尔·盖茨就会放下身段，花很多的时间来说服这些人加入公司。曾经有一个对程序很在行的人叫杰姆·莱恩，他手里有不错的软件，想自己创办公司，为了邀请他加盟微软，比尔·盖茨亲自跟他约见几次，但是对方始终不肯来微软工作。

你以为比尔·盖茨说："微软很好，你为何不来我们公司？"

杰姆说："不，你们的产品是我见过的软件中做得最烂的。"

你以为比尔·盖茨会恼羞成怒吗？不，他说："杰姆，正因为我们公司的产品做得烂，才需要你来拯救我们。不管你现在愿不愿意跟我一起干，我都会一直等你的。"

两人又见了几次面后，杰姆被比尔·盖茨真诚的态度感动了，最后来到微软工作。

从某种程度上说，正是比尔·盖茨真诚、尊重的待人态度，吸引了众多优秀人才入驻微软。的确，只有领导者彻底放下自己的架子，用平等的态度对待员工，才能有效地拉近和员工之间的距离，让员工真正地折服于领导者的真诚，心甘情愿地听从安排，这样的激励是最有效的。

在工作中，无论是领导者还是员工，每个人都应该清楚自己的身份和工作职责范围，只要大家各司其职就可以了，没必要过分标榜自己的身份。放下领导的架子，反而更能维护领导者的形象，激励员工尽职效力。

002

[走出办公室，主动与员工沟通]

一家制造企业聘请了一位擅长管理但不擅长技术的人担任厂长。因此，厂里员工对新厂长很不服气，认为他不了解业务，对于他所提出的新的管理方案也不配合，在闲暇时也不与他接近。面对这一情况，新厂长非常担忧，经过深思熟虑后，他想出了一个应对策略。

下班后，新厂长经常会带一些小礼物到两位主管家里拜访，和他们及家人谈天说地，也会谈论工作上的一些事情。两个月后，两位主管也开始到新厂长家里拜访，喝茶、聊天的同时也会谈到一些厂里员工的情况，并对一些问题发表了自己的看法。渐渐地，新厂长了解了厂里的情况。半年后，新厂长和两位主管成了几乎无话不谈的朋友，在工作上达成了很多共识。

接下来，在上下班的时候，新厂长经常会在厂子里四处走动，看见谁都会主动热情地打招呼，还经常和大伙儿一起用午餐，有说有笑。没过多久，这位新厂长也就不"新"了，大家开始慢慢接纳他，在执行他新制定的管理规程时，也没有那么多怨气了。

一个不能走向员工的领导者，是永远得不到员工的真心认可的，也无法形成自己在员工队伍中的影响力。不能形成影响力，管理的一半作用就失去了。那么，领导者该如何做呢？相信上面的故事，一定会给您非常好的启示。

在这个故事中，新上任的厂长是一个非常聪明的领导者，当员工对他的工作能力产生质疑并且不配合的时候，他并没有采用强制措施让员工屈服在自己的威严之下，而是选择主动走出办公室，与员工"打成一片"，给员工留下了"和蔼可亲"

的印象，让对方逐渐消除了对自己的陌生感。当员工越来越接纳他的时候，就会对他产生更多的信任，这样他就获得了更多开展工作的好机会。

现实中，很多领导者将自己的工作区域局限在了办公室，殊不知这样下去，员工可能会因为工作能力而敬仰领导者，但是很难在生活中亲近领导者，无形中就减少了与员工接触与沟通的机会。而缺乏必要的交流和沟通，员工也就不能对领导者建立起更多的信任，这样工作开展过程中就会缺少应有的支持。

正如美国学者汤姆·彼得斯所说："假如你把1/3以上的时间花在办公室，你便与下属格格不入，与时代格格不入。"的确，不管是一家大公司还是一家小公司的领导者，总待在办公室中，领导者的脑中除了一些整理得井井有条的数据以外所剩无几，就会很容易脱离实际，得不到员工的认可。走出办公室，主动和员工沟通，是高效管理的一个绝佳办法。

在当下这个竞争愈发激烈的时代，企业要想从容应对竞争、稳步快速地发展，领导者就要眼观六路、耳听八方，多方面收集有益于企业发展的信息，多借鉴同行企业的经营优点，多关注市场的形势变化，而这一切仅靠坐在办公室里，靠听下属汇报是很难做好的。聪明的管理者知道，每天坐在办公室里是无法管理好员工、经营好公司的，只有经常走出办公室，与员工在一起，和客户在一起，才能融洽关系，增长见闻，收集信息，鼓舞士气。

在这一点上，日本索尼公司的创始人盛田昭夫为我们做出了榜样。

盛田昭夫是一个非常有亲和力的企业领导人，只要有空闲，他就会走出办公室，到生产一线去和员工接触，去各个分店转悠，找机会与员工沟通。他认为走到员工中去，有助于拉近与员工的距离，可以更好地了解员工，倾听他们的意见，使大家在一个轻松、平等、和谐的环境中工作。

有一次，盛田昭夫到东京办事，由于时间充裕，他就去了一家挂着"索尼旅行服务社"招牌的小店，进去后他亲切地对店员说："相信你们在电视或报纸上见过我，今天我特意来和大家打个招呼，让你们认识一下真实的我。"

大家平时只在新闻媒体上见过盛田昭夫，这次亲眼看见他，感到特别亲切，气氛一下子变得轻松起来，店员们都热烈地和盛田昭夫交谈起来。

类似的例子很多。正是靠着这种"走动"，盛田昭夫很好地培养了自己的亲和力，很好地激励了企业员工，使大家紧密地团结在一起，为企业的发展群策群力。的确，企业管理的本质是让管理政策贴近员工，指导员工，最终服务员工。员工比领导者更了解工作的实际，他们的想法大多有可行之处。当领导者思考了很长时间也想不出解决问题的好办法时，多与员工进行接触，会发现他们有更多的智慧和经验，或许会在瞬间找到解决问题的方法。

土光敏夫接管日本东芝电器公司后，每天巡视工厂，与员工一起吃饭，闲话家常。清晨，他总比别人早到半个钟头，站在厂门口，向工人问好，率先垂范；麦当劳的创始人克罗克把经理们的椅子靠背锯掉，鼓励经理们走出办公室，深入基层，开展走动管理，及时了解情况，现场解决问题……越来越多的公司领导者开始重视这种"走出办公室"的管理。这种管理风格，也已显示出其前所未有的优越性。

总之，如果想成为土光敏夫、克罗克那样的企业家，不妨平时多到各部门逛逛，和员工聊聊公司的近况，加强相互之间的沟通，进而赢得员工的尊重和信任。

003

［记住员工的名字，是尊重的起点］

"钢铁大王"安德鲁·卡内基在十岁的时候就发现，人们对自己的姓名看得格外重要，之后他利用这项发现去赢得别人的支持。卡内基在苏格兰的时候还是一个孩子，有一次，他抓到一只母兔并发现了一整窝的小兔子，但是他没有什么东西可以喂它们。不过，很快他就想出了一个好办法，他对附近的孩子们说，如果他们能找到足够的苜蓿和蒲公英来喂饱那些兔子，他就以他们的名字来替那些兔子命名。这个方法太灵验了，效果很好，卡内基一直记忆犹新。

多年以来，卡内基一直注意记住别人的名字，他因此在商界结交了很多朋友。例如，他在匹兹堡建立了一座巨大的钢铁工厂，取名为"艾格·汤姆森钢铁工厂"，进而取得了与宾夕法尼亚铁路公司董事长艾格·汤姆森合作的机会；他计划和另一商业大亨乔治·莫蒂默·普尔门合办公司，便以普尔门的名字命名，叫其为普尔门皇宫卧车公司。同时，卡内基还经常花时间去记住每一个员工的名字，并在与他们交谈时称呼他们，即便是他只见过一次的汽车机械师。

记住他人的名字，是安德鲁·卡内基领导才能出众的秘诀之一。他以能够叫出许多员工的名字而自豪，他表示，"能随口叫出员工的名字，这对员工的鼓舞很大"。

相信许多人都会有过这样的经历，你刚介绍了自己的名字，但领导一转眼就忘了，等下回再见面时又被问及自己叫什么；而有的领导第二次见面时，就能亲切地叫出你的名字，向你问候。对比这两种情况，你会有什么感觉？

每一个员工都希望领导重视自己,哪怕只是被领导记住名字,也会感到一种精神激励。这并不难理解,名字从表面看来只是一个人的代号,却是一个人区别于另一个人的标志。准确无误地记住一个人的名字,表达了自己对他/她的注意,体现了对他/她的尊重。难怪美国成人教育家戴尔·卡耐基说:"记住别人的姓名并轻易地喊出,你即对他有了巧妙而有效的恭维。"记住名字,就是尊重的起点。

马洛卡是某跨国公司驻上海的总顾问,一年一度的公司年会在大厅里举行,张灯结彩,音乐萦绕,隆重又热烈。上任不到半年的马洛卡在主席台上发完言后,举着盛满醇香红酒的玻璃杯,准备向在场的员工们敬酒。

大家看见总顾问驻足面前,都不约而同地站了起来,以示尊重。然而,这位年近五十的总顾问却用不太流利的汉语大声说道:"尊敬的员工们,现在我提议,我站着大家坐着,当我叫谁的名字时,再起来接受我的敬酒吧。"

大家都疑惑地看着他:这个来自外国的总顾问,真能叫出每一位员工的名字吗?要知道,今天的年会共设有50桌,每桌10人,也就是说,他要一一叫出500名员工的姓名。

只见举着酒杯的马洛卡走到一位员工面前,先是准确地叫出这位员工的名字,接着再报出其工号,并且和这位员工轻轻地碰了一下杯,道了一声"辛苦了,公司不能没有您,谢谢",

完毕做了一个"请坐"的绅士手势，然后再走向下一位员工。当他准确无误地叫出最后一位员工名字的时候，全体员工都不约而同地站了起来，使劲地鼓掌，掌声经久不息。

会后有人这样问马洛卡：你的记性怎么会这么好？竟能记住全公司每一位员工的名字！而且是中文名字！马洛卡微笑着回答："我是公司的总顾问，每天要到各个车间里实施走动管理，我命令自己每天必须要记住三位员工的名字和他/她的容貌及对应的工号，很高兴我做到了，我想要的效果也达到了。"

明白了记住员工名字的重要性后，有些领导者还是不大注意记住员工的姓名，他们为自己找出了借口：平时的工作太忙了，实在没有这个时间和精力。事实上，能不能记住员工的姓名，与忙不忙没有必然的联系，关键在于是否有尊重员工的意向。

这里，介绍几个记忆人名的基本方法：

1. 听清楚对方的名字

当第一次认识某一员工时，主动询问对方的名字，待对方介绍自己时要注意听并要确定清楚那名字的发音；例如林和凌、李和吕、黄和王、陈和曾等，如果听不清楚，可以再问对方一次。例如是双木林吗？是木子李吗？是耳东陈吗？介绍之后要立刻重复这个姓名，交谈中尽可能地用到这个姓名，以便使这个名字在头脑中扎下根来。

2. 把记忆名字的过程变得幽默生动

如果某一员工的名字和某位名人相似，便把那人和名人联系在一起，如柳得桦与刘德华、章雪佑和张学友；如果没有特别意义的名字，可以用谐音代替原来的名字，如有一个新员工叫"郭嘉强"，就可以马上记住这个员工的名字：哦，他是"国家强"；还可以建立有意义的联想，如一个员工的名字叫"华多娇"，倒过来念"浇朵花"，这样马上就把这个员工的名字记住了。

3. 利用名片和照片

也许你记性很好，在第一次见面后就记住了某一个员工的名字，但是别忘了把握"艾宾浩斯遗忘曲线"的规律强化记忆，要随时把这些人的姓名、职务等简要信息记录下来，根据对方的容貌特征、着装特征等在脑海中短时间反复对照记忆，因为只有这样才能确保记牢对方的名字。

无论用什么方法去尝试记住员工的名字，付出努力都会令记忆效果更好。当在公司同员工一起探讨工作，或者在公司外偶尔碰到时，第一时间喊出他们的名字，就等着欣赏他们脸上惊喜的表情吧。

004
[用征询式命令取代强迫式命令]

有一大户人家雇了一个名叫阿丁的仆人，阿丁吃苦耐劳，勤勤恳恳，将家里上上下下的事务都打理得很好，令老爷非常满意。谁知到了年底，阿丁却跑到老爷跟前，说："老爷，我要回乡下去了。我非常感激您，可是，我再也不能侍候您了。"

老爷很是吃惊，他不愿意失去这个得力的仆人，着急地问道："为什么？在家里所有的仆人中，我给你的待遇最好了，你看看，你住得是整洁明亮的大瓦房，工钱比其他人多一倍，这么好的差事你怎么舍得丢弃呢？是不是你对工钱不满意？要是这样，那就增加好了。我绝不会亏待你，你就照旧待在我这儿吧。"

"不，老爷"，阿丁解释道，"我还是要回家，回乡下去。"

"为什么？乡下有什么好的？"老爷追问。

阿丁却不说话了。

细心的女主人看出了蹊跷，说："阿丁，不妨把你的真实想法说出来。"

"既然你们一个劲儿追问,那我就说了。"阿丁回答,"我之所以要回家,就是因为整日听到的都是这样的声音:'阿丁,热奶去,要快点儿!'我刚热上奶,又有谁在叫唤:'把老爷的鞋拿出去,快点擦擦。'我立刻跑过去拿鞋,正擦着鞋,声音又来了:'阿丁,我要出门,快点把马车叫来!'我把马车叫来以后,不一会儿又有谁在嚷嚷:'哎,阿丁,阿丁,快去开门!'……以前,我虽然也是个仆人,可主人们每次说话的语气都很客气,现在我感觉整天被呼来喝去,实在没有力气干活了。"

没人喜欢被人用命令的语言和态度驱使着工作,没有员工喜欢居高临下式的领导,这就是人性。人人都有自尊心和逆反心理,对于"强迫"性的事务常常怀有抗拒心理。

那些善于激励员工的领导者都懂得:手中有权不必居高临下。采取以权势压人的方式对员工颐指气使、发号施令,指挥他们去干这个、干那个,非常容易导致领导与员工之间的矛盾,以致引发工作上的不愉快。

所以,在工作中,当领导者运用权力时,应注意到下属的这种心理,不要用居高临下的口气下达工作任务,而是要站在下属的立场上想一想,怎样让下属心甘情愿地工作,让下属觉得这是应该主动完成的职责,这样做出来的效果才能事半功倍。

欧文·杨是美国著名的企业家，美国传记协会主席伊多·塔贝尔女士曾给他写过一本自传，并声称："欧文·杨是我见过的最优秀的职业经理人之一，他从不给员工下达命令式的任务，但是那些员工们总是能够把工作做到最好，这真是一件令人不可思议的事。"

伊多·塔贝尔在写《欧文·杨传》时，采访了一个同欧文·杨在一个办公室工作了三年的秘书，该秘书这样说自己的经理：三年间，欧文·杨先生从来不直接以"你一定做这做那"或是"你不能这么做"的命令的语气来指挥别人。每次，他总是先将自己的想法讲给手下听，然后温和地问道"你觉得，这样做合适吗"或"是否想过，这样做结果可能会更好"……

对此，伊多·塔贝尔也深有感触。在口述自己的经历时，欧文·杨常问伊多·塔贝尔："您认为这件事放在书中合适吗？"如果他觉得起草文件需要改动，便会用一种征询、商量的口气说："也许我们把这句改成这样，会比较好一点。""可以想象，在这样的经理身边供职，一定会让人感到轻松而愉快，这也正是他成功的重要原因之一。"伊多·塔贝尔在书中总结道。

的确，要让员工心甘情愿地听命于自己，靠的不是装腔作势的命令，而是热情有礼的态度。缺乏魅力的上司喜欢对手下说："给我复印这份文件。"而值得信赖的上司则说："请你帮我复印这份文件，好吗？"前者是典型的命令口气，后者则是询问的口气。在员工看来，当然后一种方法更给人以尊重。在大事面前，领导者用询问和拜托的语气无形中成为对员工的一种托付，如"这项任务很重要，由你处理，你看可以吗""我知道这件事情很棘手，但是我想不到比你更适合的人"……

征询式命令还有一个好处，就是可以使方案更完善。因为如果下达的命令不是不容置疑的、必须执行的，而是询问、建议式的，员工就有机会、有胆量说出他对这份工作的看法，领导就可以采纳合理的部分，以达到兼听则明的效果。

有的领导者会担心，使用这样的方式，下属会不会认为自己软弱呢？请放心，一般情况下不会。尽管你是建议、询问式的语气，可在下属听来，这仍是一个命令，而且是个更易接受的命令。这既让对方有被尊重和被信赖的感觉，又能赋予对方一种强烈的责任感，工作热情自然就被调动起来了。

005

[任用人才的关键在于信任]

一位员工一见到朋友就讲述自己的遭遇。原来，他们公司的领导不允许员工上班时间使用聊天工具，担心他们会在网上抱怨公司。而且，只要请病假，就必须要提交医院证明。"不让使用聊天工具也就算了，一个普通的感冒也不用去医院开证明啊，这太令人为难了。领导这样不信任我们，在他手底下做事，实在没劲儿。"这位员工丧气地说道。

企业的成功运作不可能只靠领导者一人单打独斗，员工的力量是必要的，也是宝贵的，领导者必须以信任作为交往的"润滑剂"。遗憾的是，在一些企业中，信任常常居于次席，甚至居于末位。就像事例中的那位领导一样，不让员工使用聊天工具，生病要提交医院证明，甚至派"职业侦探"盯梢、用"电子侦探"监视员工等。

殊不知，这些管理措施无一不是拿信任来冒险，无一不是对信任的亵渎。人与人之间的信任是相互的，领导者不相信员工，员工又怎么会信任领导者呢？试想，这样的企业怎能奢望组建成精诚合作的现代团队呢？

《第五代管理》的作者查尔斯·M·萨维奇博士曾说过：怀疑和不信任是公司真正的成本之源。领导者与员工之间级别上的差异、心理上的距离以及互不信任直接导致了员工压抑的心理，长期如此会产生心理障碍或心理疾病。除此之外，怀疑和不信任还会打击员工的工作积极性，阻碍企业的创新发展。

信任员工，对于领导者来说，是一种相当重要的优秀品质。领导者与员工之间建立信任，让员工充分了解工作的价值和意义，激发员工的工作和创造热情，并通过职责分配、授权等给予员工体现价值、追求卓越的机会。

因此，要想做好领导者工作，首先就要学会信任员工。人在受到信任的时候，一般都会产生愉悦感和满足感，进而产生"投桃报李""以心换心"的心理。如果领导者能够和员工之间建立起良好的信任关系，那么无疑会增加员工的使命感和工作动力，激发其全力以赴的工作热情，从而促进公司不断稳步发展。

战国时期，魏国国君魏文侯派大臣乐羊带兵出征中山国，结果朝中大臣争议不绝，因为中山国的重臣乐舒恰恰是乐羊的儿子，他们均认为乐羊舍不得与子作战，恐怕不能全心全意为国效忠。尽管朝中争议颇多，但魏文侯并未改变主意，依然派乐羊带兵出征。

乐羊出征中山国，却一连几个月只驻扎在外，未曾动过一兵一卒。朝中争议激烈，有些大臣忍耐不住，奏章像雪片似地飞到魏文侯手中，纷纷指责乐羊是在故意拖延时间不肯与儿子作战。看到这些奏章，魏文侯一笑置之，不但没有催促乐羊，而且派遣专使带着酒食、礼品去慰问。这样一来，朝中的流言愈发多了。魏文侯一不做二不休，索性给乐羊建造了一座非常漂亮的宅院。

最后，等乐羊按计划攻克了中山国得胜回朝后，魏文侯特意为他举办了一场盛大的庆功酒宴，宴罢赏给乐羊一个密封的箱子。乐羊打开箱子一看，里面不是金银珠宝，不是文玩字画，而是满满一箱弹劾他的奏章。乐羊这才明白，如果不是魏文侯的全力庇护，不是魏文侯对他超乎寻常的信任，不要说攻打中山国的任务不能完成，恐怕自己连性命也很难保住了。自此，乐羊对魏文侯更加忠心耿耿，辅佐其成就了一番霸业。

试想，如果魏文侯听信大臣所奏，不肯派乐羊带兵出征中山国，或者督促乐羊弃用围而不攻的战略攻城，那么很可能会破坏乐羊的作战计划，还会严重降低乐羊对魏文侯的信任，导致他反向倒戈，那么魏文侯就会失去一员大将，日后能否成就一番霸业更是未知了。

中国有句古话："用人不疑，疑人不用。"既然用一个人就不要对他怀疑，如果怀疑还不如不用。信任员工、信任团队，是管理成功的第一步。领导者只有充分信任员工，才能使员工产生强烈的责任感和自信心，从而激发出员工的积极性、主动性和创造性。所以说，一旦决定让员工担任某一方面的负责人，首先就要信任他。

但是，信任也并不是无条件的。明智的领导者都懂得这样一个简单道理：凡事皆有度。管理中可能有不信任的控制，但绝不存在没有控制的信任。要想有效地激励员工，使他们积极主动地工作，的确需要信任，但同时也千万不要丧失应有的警惕，要对他们进行适当的制约以及必要的跟进。

想当初，巴林银行对里森"用人不疑"，什么也不管，放手让他去干，结果他三年来一直做假账隐瞒亏损，最后造成8.27亿英镑的损失，迫使有200年历史的老牌巴林银行破产；再比如，山东一家经销商公司的老员工，利用领导的信任，自己私配了仓库钥匙，把用于展示的冰柜变卖，导致公司损失高达数万元。

适度地监督与跟进并非是不信任下属的表现，相反这恰恰表明重视，所以适度的跟进并不会损害员工的工作积极性。当然，跟进一定要注意两点：一是要及时，只有第一时间发现工作碰到的障碍，才能尽快排除障碍，确保工作的顺利进行；二是要适度，领导者需要的是跟进计划，而不是去具体执行计划，需要做的是鼓励员工把执行工作落到实处，不是越权指导，更不是直接插手去落实，否则只会把事情弄得更糟。

在制度的监督下，做到用人不疑，疑人不用，人尽其才，这才是真正对员工的信任，它既能保证战略规划得到执行，又不降低员工的积极性，有助于取得良好的管理效果。

006

["小角色"也有权得到应有的尊重]

一个清洁工在企业中毫不起眼，但就是这样一个人，在一天晚上公司保险箱被窃时，与两个身强力壮的小偷进行了殊死搏斗，最终为公司保住了一大笔财富。事后，有人问他的原因，答案却出人意料，他说："当公司的总经理从我身旁经过时，总会朝我微微一笑并问候我，这使我觉得必须做好自己的工作，在公司需要我时挺身而出。"。

看，总经理就只是微微地一笑，外加简单的问候，就使这个员工受到了感动，并在关键时刻挺身而出。

那些优秀的领导者都知道，激励员工首先要从尊重员工开始，而尊重员工更要从"小"开始。这个"小"主要有两方面的意思，一是指从小处做起，哪怕只是一个眼神、一句问候，员工都会受用得多；二是指要尊重企业里的那些不起眼的"小角色"。

在实际工作中，经常看到一些领导者对那些职位较低、工作能力较差的员工呼来喝去、大声责骂，这是一种十分不尊重人的表现。人与人之间都是平等的，即使一方是总经理，另一方是小职员，可是在人格上是平等的。分工不同，职务不同，也不代表两者之间存在着高低贵贱之分。作为领导者，无论职务是高是低，只有充分地尊重了每一位员工，才能赢得众人的尊重和钦佩。

事实上，在平时的工作中，又何尝能离得开"小角色"的贡献呢？任何企业的运作都离不开所谓"小角色"的付出，看似无关紧要的人实际上发挥着大作用。

有句名言："永远不要忽视小人物的作用，有时候历史就是由一些不知名的小人物改变的。"

卓越领导者必备的能力之一，就是能够慧眼识珠，能够发现并培养那些具有潜力的"小人物"。我们熟悉的历史人物刘邦就是这么做的。

在刘邦的队伍里什么样的市井小人都有，其中陈平是游士，樊哙是屠夫，灌婴是布贩，娄敬是车夫，彭越是强盗，周勃是吹鼓手，韩信原来不过是项羽的一个执戟郎，还曾受过胯下之辱，在世人看来是很没出息的。然而，这些在寻常人眼中毫不起眼的底层人士，却在刘邦手下发挥出了无与伦比的力量。

《战国策》记载了这样一个故事：

中山国君宴请都城里的军士，有个大夫司马子期在座，但是他却未分得羊羹。于是，感到被怠慢的司马子期一怒之下跑到楚国，劝说楚王攻打中山国。在楚军的威逼下，中山君被迫逃走，他发现，在逃亡时只有两个人在寸步不离地保护着他。

中山君不解，问道："别人都跑了，你们为何不逃跑呢？"

其中一人回答说："我们俩是兄弟，当初我们的父亲快要饿死之际，是你拿食物救活了他。我父亲临终时嘱咐我们：'中山君如果有难，你们一定要尽死力报效他。'所以我们决心以死来保护你。"

中山君听后，仰天而叹："给予，不在于多少，而在于正当别人困难时；怨恨，不在于深浅，而在于恰恰损害了别人的心。我因为一杯羊羹而逃亡国外，也因一碗饭而得到两个愿意为自己效力的勇士。"

所以说，"小角色"并不小，有时候他们能发挥出生死攸关的作用。不忽略这样的人，尊重和善用他们，这是善于用人、善用激励的重要表现。

007
[保持谦逊，敢于向员工请教]

杰克是某文化公司策划部的主任，他做事干脆利索，工作效率高，但是不懂得谦恭。当下属的工作出现问题时，杰克总会用夸张的语气说道："不会吧，那么容易的事情也会出错？"当下属指出他的方案有问题时，他第一个反应是："怎么可能？我提出的方案通常都是最好的。"渐渐地，下属们都不喜欢和杰克一起工作了。

杰克拥有优秀的才华、卓越的能力，却自以为是、恃才傲物。受了他几次难堪后，没人愿意配合他的工作，只会对他敬而远之，到头来他就会失去自身的权威与员工的支持，阻碍自己的发展。对此，我们一定要引以为戒。

早在二千多年前，孔子就说过："三人行，必有我师。"意思就是，在众人之中一定有值得自己去学习的人，人一定要虚心学习别人的长处。领导者不可能面面俱到，什么都会，也需要慢慢地学习。养成谦逊好礼、不耻下问的习惯，多向下属虚心请教问题，不仅能够积累更多的经验，而且会使员工觉得领导者富有涵养、真诚可亲，如此能更好地抓住下属的心。

古今中外，那些优秀的领导者敏而好学，不耻下问，为人谦和，虚怀若谷。因为有了这种精神，他们抓住了员工的心，让员工心甘情愿地跟随自己。

比尔·盖茨带领他的团队创造了IT界一个又一个神话，那些跟着微软一起拼搏、对微软不离不弃的人们，除景仰比尔·盖茨的商业成就外，还钦佩他谦逊的性格。关于比尔·盖茨谦逊的性格，还有一个故事广为流传。

微软专门帮助盖茨准备讲稿的一位职员说，每次演讲前，比尔·盖茨都会自己仔细批注并认真地准备和练习讲稿。而且，比尔·盖茨每次演讲完，都会下来和他交流并询问他："我今天哪里讲得好，哪里讲得不好？"他并不是简单地问问就算了，而是会拿个本子认真地记下来自己哪里讲得不到位，以便下次更改和不断提高水平。

对于自己的成功，比尔·盖茨解释说："我的能力和智商一般，但是有一点却是别人无法企及的，那就是我敢于承认自己的能力不如下属。个人的能力和才干都是非常有限的，虽然是领导，也不见得在各方面都比下属优秀。即使再能干的领导，也要借助他人的智慧，所谓尺有所短，寸有所长。"

当一个人在事业上非常成功，却还能如此谦虚，抱有一颗向员工学习的心，放低姿态向员工请教问题，这是非常难得的。比尔·盖茨的行为可谓大气之举，如何叫人不佩服？

领导者应当比员工强，主要是指在某些方面上，并不一定代表所有方面。一个成功的领导者并不是一开始就具备非凡的能力，他们都是通过不断向他人学习，一步一步地发展、完善自己。所以，要想做成功的领导者，就要谦虚地向每一位员工学习，取长补短，是非常必要的。

第四章

公心激励：
以公正管理获得员工信任

想问题、办事情不以个人好恶，不以私情深浅区别对待，而是出于公正之心，对人、对事一碗水端平，主持正义，维护公道，这是领导者赢得人心的重要保证，也是做好激励工作的一个重要原则。

001

[没有人在制度之外]

周亚夫是汉朝功勋卓著的将军,以英勇善战、严守军纪著称。

有一次,汉文帝要亲自犒劳军队。一行人先到达了驻扎在灞上和棘门的军营,众人直接骑马进入营寨,将军和他的部下都骑马前来相迎。

接着,文帝到达了细柳的军营,那里驻扎着周亚夫的军队。只见细柳营的将士们身披铠甲,手执锋利的武器,拿着张满的弓弩。文帝的先驱队伍到了,想直接进去,营门口的卫兵不让。先驱说:"天子马上就要到了!"把守营门的军门都尉说:"将军有令:'军队里只听将军的号令,不听其他指令。'"

过了一会儿,文帝也到了,仍然不能进入。于是,文帝派使者持符节诏告将军:"我想进入军营慰劳军队。"周亚夫这才传达命令说:"打开军营大门!"守卫军营大门的军官对文帝一行驾车骑马的人说:"将军有规定,在军营内不许策马奔驰。"于是,文帝等人就拉着缰绳缓缓前行。

一进军营,周亚夫手执兵器对文帝拱手作揖说:"穿着盔甲的武士不能够下拜，请允许我以军礼参见陛下。"文帝被他感动，表情变得严肃，手扶车前的横木，称谢说："皇帝敬劳将军！"完成仪式后才离去。

出了营门，文帝不停地称赞周亚夫："这才是真正的将军！前面所经过的灞上和棘门的军队，就像儿戏一般，那些将军的军队很容易被偷袭以致被俘虏；至于周亚夫，谁能够冒犯他呢？"说罢，传令重赏周亚夫。

周亚夫执法如山，在规章制度面前即便是皇帝也没有例外，起到了震慑全军、令行禁止的效果。"没有规矩，不成方圆"，原意是说，如果没有规和矩，就无法制作出方形和圆形的物品，后来引申为行为举止要遵守一定的标准和规则，在企业中也是如此。

众所周知，制度是一种要求大家共同遵守的办事规程或行动准则，具有普遍性和公平性，要求对所有相关人员一视同仁，没有谁享有规定之外的特殊权利。制度有没有威力、能不能让人敬畏，关键在于领导者能不能使制度对每一个当事人都具有相等的效力。

因此，作为企业领导者，落实规章制度不该有任何例外的情况，领导违纪与员工一样受罚，保证制度面前人人平等，不允许有不受制度约束的特殊人、关系人，职位再高也要遵守规章制度，一旦发现有人违纪更应加以惩治，绝不手软。

为了方便出入管理，IBM公司推出了员工胸牌。厂区胸牌是浅蓝色的，行政大楼工作人员的胸牌是粉红色的，两种胸牌不能混用。但是总有一些人违反制度，不佩戴工牌或者混用工牌，这给警卫工作带来了很大的麻烦。

有一天，董事长托马斯·沃森带着一个国家的王储参观工厂，走到厂门口时被两名警卫拦住："对不起，先生，您不能进去，我们IBM的厂区胸牌是浅蓝色的，行政大楼工作人员的胸牌是粉红色的，你们佩戴的粉红色胸牌是不能进入厂区的。"

董事长助理对警卫叫道："这是IBM的董事长沃森，难道你不认识吗？现在，我们要陪同重要客人参观，请放行吧！"

警卫说："我们当然认识沃森董事长，但公司要求我们只认胸牌不认人，所以必须按照规定办事。"

沃森看到这样尽职的警卫非常高兴，非但没有责怪，而且给予表扬，并安排助理赶快更换了胸牌。随后，警卫部将这一消息通报了整个公司。从此，不佩戴工牌、佩戴工牌不规范的现象再也没有发生过。

制度面前没有特权，制度约束没有例外。只有做到这一点，才能创造一种公平的工作气氛，才能有效保证规章制度的执行力度，让每个员工都感觉到自己在制度面前得到了公平的待遇，从而自觉地维护制度的规范性、权威性。

当然，惩治违纪的目的在于教育员工，而不是惩罚员工。因此，领导者要与违反纪律遭受处罚的员工进行真诚的沟通，缓解他们受罚的不快情绪，消除他们的苦恼和怨恨的情感，当然也要给予他们足够的信任，相信他们能够改正错误，这样激励的真正效果就达到了。

002

[制度的制定必须合情合理]

"制度面前，人人平等"，这要求领导者执行制度时要讲究公正性与严格性。但是，制度本身制定得过于苛刻、不近人情，或存在漏洞，在执行中往往就会暴露很多的问题，并严重影响到员工的士气和工作积极性。

因此，对于任何组织来说，规章制度都是必不可少的，但是领导者必须结合企业和员工自身的实际情况，制定制度做到合情合理。只有这样，才能让员工心服口服，才能产生激励作用。那么，怎样制定制度才真正合情合理呢？

1. 制定"适合"的标准

因为规章制度是为解决问题而设，所以检验它的标准就只能是事实的有效性，这就要求制定"适合"的标准。所谓"适合"，简单地说就是要充分考虑到员工的心理承受力，制定的标准既不能太松，又不能太严，使制度本身保持适度的弹性。标准制定得过松，达不到管理效果；标准制定得过严，超出了员工的能力范围，员工怎么做也达不到要求，干脆不干了，这样还不如不制定标准。

看一个简单易懂的例子。

小明有一回数学考了85分，于是父亲对小明说："如果你能够考到98分，我就带你去香港海洋公园玩。"于是小明就很努力地学习，第二个月小明考了91分；小明接着努力，第三个月考了92分；第四个月，小明努力后仍然只考了91.5分。到了第五个月小明就放弃了，98分对于小明来说真的太难达到了。

2. 根据变化完善标准

根据具体情况制定标准，也要根据具体变化完善标准，在制度的执行中仍然需要灵活变通。当外部环境发生重大改变时，制度也应随之改变，这才能发挥员工的积极性，取得良好的效果，反之亦然。

某电器销售公司给员工规定只有每月销售100台电视机

才能拿到当月的奖金。在春节过后的一个月，由于居民的购买力下降，不少员工虽然很努力地工作，但到月底时还是没有完成100台的任务指标。可是总经理根本不理会这些，依然扣除了这些员工的奖金。这一下，员工们可就不满意了，"电视销售量低又不是我们的错，本来就是销售淡季嘛……"但是，总经理依然我行我素，继续执行考核标准。无奈之下，很多员工都辞职去了别处，公司的业务发展受到了巨大冲击。

上述公司的总经理在执行制度的过程中过于死板，没能使规定适应实际情况，结果挫伤了员工们的工作积极性，使公司业务受到了巨大冲击。其实，如果他灵活一点，在淡季时降低销售标准，规定每月销售60台电视机就可以领取奖金；在旺季时再提高标准，每月销售150台电视机算达到要求，结果就大不一样了。

总之，领导者要综合考虑多方面的因素来制定合情合理的制度，科学化、系统化、人性化地管理员工，才能让员工心甘情愿地服从企业的制度、服从领导者的管理，也才能最大限度地激发他们的工作主动性和积极性。

003

[不以私情深浅区别处事]

刘凯是某家具制造厂的厂长，他是一个按与员工关系亲疏程度来对待员工的典型代表。对那些自己喜欢的员工，他不但给他们高薪，还尽量满足他们的各种需求；对自己不喜欢的员工，他不但给他们微薄的薪金，态度也不友善。

刘凯一直以为，只要将那些自己喜欢也喜欢自己的员工笼络到身边就行了，而其他的员工则不必放在心上。令他没有想到的是，他的做法导致很多员工有了怨言："为什么能力相当，他能上，不让我上？""看来还是私人关系管用，我们再卖力气也没用！"……

就这样，员工的积极性不断下降，他们纷纷离开了公司。

领导者可以有自己的好恶，但是，领导者的个人感情会影响到职权范围内大多数人的利益，因此，领导者在行使职权时应做到把私人感情与工作关系分清，绝不允许把私人感情掺杂到工作中去，必要的时候甚至要讲究原则而不讲人情。

领导者只有以大局为重、公私分明，不计个人恩怨，对所有的员工一视同仁，不分远近、不分亲疏，才能在员工面前树立一个公平公正的形象，进而使员工心甘情愿地接受管理。

祁奚，字黄羊，春秋时期晋国著名的贤大夫。

祁奚年老时，向晋平公请求告老还乡。晋平公问祁奚谁可接任，祁奚答道："我觉得，解狐这个人最适合补这个空缺。"晋平公大吃一惊，说道："解狐不是你的仇人吗？你怎么举荐他？"祁奚摇摇头，说："解狐确是最合适的人选，我不敢以私害公。"于是，晋平公就任用了解狐，都城里的人都称赞任命解狐好。

又过了一些时候，晋平公又找到祁奚，问："国家眼下少个掌管军事的都尉，你觉得谁担任合适？"祁奚答道："我看祁午合适。"晋平公又大吃一惊，说："祁午不是你的儿子吗？"祁奚说："您只是问谁适合做这个都尉，又不是问我的儿子是谁。"晋平公又任用了祁午，都城里的人一致称赞任命祁午好。

推举仇人，不算是谄媚；拥立儿子，不是出于偏爱。商书说："没有偏爱，没有结党，王道坦坦荡荡，公正无私。"说的就是祁奚了，难怪孔子闻之曰："善哉，祁黄羊之论也！外举不避仇，内举不避子，祁黄羊可谓公矣。"

祁奚不以公谋私，行事光明磊落，既能坦然推举仇人，也不避讳举荐儿子，这才是做事真正地出以公心。这样不背离公正的人，还有谁不认可、不敬服呢？

当然，有的领导者并无厚此薄彼之意，但在实际工作中，难免愿意接触与自己爱好相似、脾气相近的员工，无形中就冷落了另一部分员工。因此，领导者要适当增加与自己性格爱好不同的员工的交往，尤其对那些曾反对过自己或者犯过错误的员工，要经常与他们交流工作，以防止产生不必要的误会和隔阂。

说到底，领导者要对企业负责，也就是说领导者的私情私欲必须被企业利益所替代。为了不以私害公，每做一件事情之前，领导者都不妨扪心自问一下："在这件事中，有没有我的个人情感掺杂在里面？"或者问一问："这么干，别人是否会觉得我很自私？"在得到满意的答案之后，领导者再大胆地开展工作。

004

[有功者必赏，有过者必罚]

某IT公司缺乏专业的技术研究人才，总经理花了很大力气才从某公司挖来一名专家。公司满腔热情地给他安排了工作，却很快发现他并不能胜任，领导层认为雇用这样的员工会给公司造成损失，于是建议总经理赶快解雇他，但总经理没有听取建议，却给专家开辟了个人办公室，希望他能静心进行研究。

毫无疑问，这就伤害了那些忠诚于企业、安心于岗位的员工，他们不明白那位专家的能力既没有自己强、在公司的资历也没有自己高，为什么可以拿到那么高的工资，还拥有了个人的办公室？他们感到不公平，于是对工作产生不满情绪。

总经理一直期待这位专家的表现会越来越好，但实际情况是，他的表现越来越差。直到一位重要客户拂袖而去，员工都说："该奖的不奖，不该奖的重奖，再这样，我们不干了。"直到这时，总经理才把他解雇。这位专家被赶走了，总经理得到的教训是惨痛的。

"下次我绝不犹豫，我会立刻采取措施。"总经理发自肺腑地说。

在现代企业中，许多领导者像这位焦虑的总经理一样，不忍心处罚没有达到绩效标准的员工，反而寄希望于通过奖励鼓舞对方。结果，奖励不仅没有达到激励的效果，反而使其他员工寒心，极大地挫伤了他们的积极性，可谓得不偿失。

奖赏是正面强化的手段，即对某种行为给予肯定，使之得到巩固和保持；责罚则是反面强化的手段，即对某种行为给予否定，使之逐渐消失。赏与罚是管理团队的有效手段，是企业家带兵的"左右手"。想要赏罚发挥出最大的效能，就必须公平公正，该罚则罚，该奖则奖，赏罚分明。

日本伊藤洋货行的董事长伊藤雅俊是一位以严谨著称的企业家。在企业管理中，他从来不感情用事，惩罚严明，他以两种截然不同的态度对待经营天才岸信一雄就是最好的佐证。

日本企业伊藤洋货行以从事衣料买卖起家，后来进入食品业。为了使公司取得食品方面的发展，伊藤雅俊从东食公司挖来了对食品经营有丰富经验的岸信一雄。岸信一雄是一个善于交际、重视创新的经营奇才，他的加入如同为伊藤洋货行注入了一剂催化剂。十年内使公司的业绩提高了数十倍，伊藤洋货行的食品部门呈现一片蓬勃的景象，岸信一雄也晋升为公司的经理，成为公司内外炙手可热的大名人。

但是不久，岸信一雄开始居功自傲，对公司制定的规章制度一律不予遵守，对公司的改革措施持敌对态度，战略决策一执行到岸信一雄那里就止步不前，他对不勤奋敬业的部下也放任自流。伊藤雅俊多次要求岸信一雄改变工作态度，按照伊藤洋货行的经营方法去做。但是，岸信一雄根本不予理会，依然按照自己的方法去做。他说："一切都这么好，证明这路线没错，我为什么要改？"结果整个部门的员工的工作效率直线下降，伊藤雅俊最终忍无可忍，将岸信一雄解雇。

功劳赫赫的岸信一雄突然被解雇，这个消息在工商界引起了不小的震动，舆论界也以轻蔑尖刻的口气批评伊藤雅俊是"过河拆桥"。在舆论的猛烈攻击下，伊藤雅俊理直气壮地反驳道："秩序和纪律是我的企业的生命，也是我管理下属的法宝。不守纪律的人一定要从重处理，不管他是什么人，为企业做过多大贡献，即使为此减低公司战斗力也在所不惜。"

当"三顾茅庐"求来的岸信一雄一次次为公司创造卓越业绩时，伊藤雅俊采取了提拔和赏识的态度。但随着岸信一雄的居高自傲，变本加厉地行使"治外权"时，伊藤雅俊又毫不客气地将他请了出去。这种做法是正确的，因为对岸信一雄的忍耐和退让，就是对大多数人的不公和伤害，这会直接关系到整个企业的生死存亡。

在现代管理学上有这样一句十分经典的话："成功的管理是什么？是黑白分明的，白就是白，黑就是黑，白的奖，黑的罚。这样你的管理就会越来越白。如果黑白不分，那你的管理只能越来越黑了。"

所憎者，有功必赏；所爱者，有过必罚。领导者只有这样做，才能使团队的纪律获得有力的维护，才能给员工一种公平合理的印象，让他们觉得人人都是平等的，机会也是均等的，他们才会不断奋斗，才会更加努力。

对下属进行赏罚时，在不伤害当事人尊严的前提下，最好将结果公之于众。鬼谷子曰："刑赏信正，必验于耳目之所见闻，其所不见闻者。莫不暗化矣。"意思是说，无论行赏还是行罚，必须要让众人亲眼所见，亲耳所闻，这样对于没有亲历亲闻者也有作用，进而能够最大程度地在员工中起到激励作用。

005

[**别将公平和平均画上等号**]

两个木匠受雇于同一个老板，一个手艺好且干活踏实、肯下力气，三天就能做出一个衣柜，另外一个手艺差且懒惰，一个星期才能做出同样的衣柜。但是，到月底的时候，两个木匠拿到的工钱一样多。

这天，两个木匠在一起工作，懒惰的木匠笑话勤快的木匠说："你手艺比我好怎么了？你比我勤快怎么了？咱俩还不是拿一样的工钱。"勤快的木匠一听，心里想：反正我再怎么勤劳，跟你挣的钱也差不多，干脆大家都一起混日子吧。

很多领导者将"公平"与"平均"混为一谈，认为公司有什么好处就该全体员工一起均沾。这种做法慷慨大方，但不够理智和科学。通过两个木匠的对话我们可以看出，如果干多干少、干好干坏都一样，那么，奖赏实际上就等于没奖赏，结果会严重挫伤优秀员工的积极性。

公平作为一种激励员工的手段，其积极的作用是不言自明的，但是公平绝对不能搞平均主义，不能让员工干好干坏都一样。公平的"平"，只是规则公平、机会均等，企业对员工各个方面的待遇是不能均等的，而要遵循"各尽所能、按劳取酬"的原则。

印度的信息系统科技公司是印度最有价值的五大公司之一，领导公司的负责人墨西是印度最受尊敬的企业领导人之一。谈到成功领导的秘诀，墨西强调必须做到"公平"，而不是当一名平均主义的"好好先生"。

在招聘环节上，墨西就制定了公正的原则。应聘考试时，统一公开考试过程，因此不会引起争执；公司也尽量为每件事情都设定可测量的标准，员工的表现——以他们能够了解的程序和标准——都要公开进行评估。他们动态地根据员工的才能、责任、贡献、工作态度等方面的表现，公正地给予应有的利益回报。

除了这些之外，领导者在做决定时也一样要做到公平。墨西表示，每一个决定都会对某些员工不利，但是下决定的标准其实很简单，如果一个决定对98%的员工都有好处，就是一个好的决定,只要领导者确保剩下的2%的员工,有机会在其他决定中获得较有利的对待,那就做到了公平。

正是因为这些公正原则,员工们都愿意跟着墨西,该公司因此留住了很多人才。尝到了公平的"甜头",墨西表示,许多人问他希望以后的人会如何看他,他说:"我希望将来别人会记得,我是一个公平的人。"

不公正的待遇,不论是过高还是过低,都会打击员工的积极性,降低领导者的个人信誉。因此,每一个领导者必须学习墨西的公正原则,区别每个员工工作的好和坏,给予不同的人不同的评价和待遇,还可以要求员工互相注意各自的表现,判断各自获得的评价是否公正。

实行按劳分配,少劳少得、多劳多得,除了有利于激发员工拼搏努力之外,对领导者及现代企业还有很多好处。对领导者来说,按劳分配更使人感到心悦诚服,不会导致高层混乱的局面;对企业来说,提高整体的公平性,有利于化解利益矛盾与冲突,保证组织内部和谐。所以,公平但不平均的做法,值得领导者采纳。

006

[以公心对待员工之间的矛盾]

  同事将自己的一个重要文件弄湿了，刘蓓很是生气，她认为同事是故意的，便跟同事吵了起来，结果该同事情急之下把刘蓓给推倒了，刘蓓摔伤了胳膊。由于该同事是领导的一个亲戚，所以，领导只是安慰了刘蓓几句，事情便不了了之。刘蓓觉得委屈极了。

  在公司里，员工们每天要处理诸多事情，难免出现摩擦和矛盾。这时候，领导者有所偏倚、处理不公，极有可能使其中一方心存不满，公事矛盾就变成了私人恩怨，甚至可能产生更多新的矛盾，造成企业内耗，导致出现人心散乱的被动局面。

  那么，面对员工之间的矛盾，领导者该如何解决呢？正确的做法是秉公办事，不偏不倚，一碗水端平。稍微有偏心，员工肯定能感觉出来。只有公正，才能让员工信服，从而减少矛盾。

  比如，表现优秀的员工和表现一般的员工发生了矛盾，应该怎样处理呢？前者有一种优越感，认为自己比别人能力强，上级会更偏向自己；而后者总觉得自己不如前者，产生一种自卑感。这时候，只要领导者按照制度进行处理，无论优秀者还是稍差者都要一视同仁，做到公正、公平、透明，相信他们都会心服口服的。

我们来看一个实例：

在摩托罗拉创业初期，有个叫利尔的工程师加入了队伍，他在大学学过无线电工程，可谓是专业出身，这使得那些老员工产生了危机感，他们时不时地为难利尔，故意出各种难题刁难他。更出格的是，当摩托罗拉的创始人保罗·高尔文外出办事时，一个工头故意找了个借口，把利尔开除了。

高尔文回来后得知了此事，把那个工头狠狠地批评了一顿，然后又马上找到利尔，重新高薪聘请他。后来，利尔为公司做出了巨大的贡献，充分展示了自己的价值。

在公司发展的过程中，在摩托罗拉公司工作的员工中很多是有一些个性的人，因此也就很容易出现矛盾。这时候，高尔文采用公平的处理方法，不偏不倚地帮助员工解决矛盾，使他们在处于各种艰难条件下，在处理工作事项时都能团结一致。

一位领导者最不愿看到的就是下属之间闹矛盾了。在这一问题上，高尔文始终秉持公正的原则，这使得他既能很好地解决问题，又赢得了员工们的尊重和爱戴。

的确，不管员工之间出现了什么样的矛盾，也不管具体情况如何，有一点是相同的，那就是领导者必须公正，做到一视同仁、一碗水端平，不能因为个人的喜好而偏袒，这是最基本的原则。首先领导者把自己调整到公平的角色，再掌握一些解决矛盾的技巧，就能够成功地解决矛盾了。

1. 矛盾不必立即解决

在发生矛盾时，往往当事人双方的情绪都非常的激动，有可能立即找到领导者，希望领导者能够立即判断出谁对谁错，解决这个矛盾。这时，千万不要立即处理矛盾，因为此时双方情绪都很激动，无论怎么处理双方都不会满意，还会误认为领导者偏袒对方。所以最好的方法是，要保持冷静的态度，让矛盾双方先冷静自己的头脑，平稳自己的情绪。有很多的时候，双方都是由于一时的冲动和不理智造成矛盾，在降温处理以后，他们会或多或少有所悔悟。

2. 了解矛盾的原因

处理矛盾的前提是把握和了解矛盾原因。领导者常犯的错误是遇到员工之间的矛盾，不做调查和了解，凭自己的感觉和情感，就立刻判断谁是谁非。要知道自己认为的好员工也有犯错误的时候，表现一贯不好的员工也有在理的时候。

所以，解决员工矛盾首先要调查了解他们之间矛盾产生的原因、矛盾发生发展的过程、矛盾波及的范围、矛盾的性质等等。只有在了解产生矛盾的前因后果之后,解决问题才能把握全局,抓住关键,有的放矢。不然,要么矛盾解决得不彻底、不到位,要么解决的方向根本不对,导致矛盾扩大化。

3. 有些矛盾不要轻易介入

领导者要根据矛盾产生的原因,判断哪些矛盾可以让员工自己来解决,哪些矛盾暂时不用解决。因为,员工之间的有些矛盾不是工作矛盾,如性格、情感方面的矛盾,双方均有各自的道理,很难判定谁对谁错,这时候领导者轻易不要介入。一旦介入很有可能把自己套牢,因为清官难断家务事。

当然,员工之间的这些非工作原因产生的矛盾也会对工作产生不良影响,那么领导者的作用就是折中协调、息事宁人。在充分肯定双方都各有道理的基础上,阐述自己的观点,加以补充完善,这就是解决问题最好的方法了。这样当事人不会感觉到面子上过不去。

还有一种常见的现象就是在说服教育下,一方已经知道他的错误了,但就是不愿意给对方认错,心里认为面子上过不去,以后不好工作,等等。遇到这种员工,尽量不要勉强他,可以为双方制造一个私下里缓和气氛的机会,比如约他们双方吃饭,在饭桌上借用一杯酒表明诚意,此时双方的距离会拉得更近,领导者再去顺水推舟地缓和他们的矛盾,最终就能顺利地解决问题。

第五章

赞美激励：
不花钱也能调动积极性

对于员工的辛勤付出和无私奉献，领导者要给予及时的肯定和赞许，并且要乐于发现和欣赏员工的优点，多说一些鼓励的话语，让他们始终觉得"我的努力是被看到的""我是最棒的""我是最重要的"，如此就能最大限度地激发他们的潜能。

001

[不要吝啬对员工的赞美]

有一个富翁特别喜欢吃烤鸭，于是重金聘请了一位大厨，每天专门为他烤一只鸭子。大厨名副其实，每天烤出的鸭子皮脆肉嫩、香喷可口。

有一段时间，厨师烤出来的鸭子都只有一条腿，富翁觉得奇怪，但碍于身份不好过问。一星期后情况还是这样，富翁实在忍不下去，他问厨师："你烤的鸭子为什么只有一条腿？另外一条腿上哪儿去啦？"厨师回答道："哎呀！您不知道？这些鸭子都只有一条腿，走，我带您到后院看看！"

时值中午，所有的鸭子都缩着一条腿站在树下休息。厨师指着这些鸭子说："您看，鸭都只有一条腿呀！"富翁不信，当即拍了几下手掌，鸭子受到惊扰，纷纷伸出另一条腿。富翁恼火地说："你看，鸭子不是都有两条腿吗？"厨师平静地说："对，如果您懂得鼓掌的话，那么鸭子早就是两条腿了。"

每个人都希望通过他人的称赞肯定自身的价值，员工也不例外。如果领导者不懂得这一点，长期忽视对员工的赞赏，员工就会像事例中的那位厨师一样心里犯嘀咕：领导怎么从不表扬我，是对我有偏见还是觉得我不够好？于是，工作的主动性和积极性就会降低，这势必会影响工作的成效。

心理学家威廉·詹姆士曾说道："人类本性最深的企图之一是期望被人赞美和尊重。渴望赞美是每个人内心里的一种最基本的愿望。我们都希望自己的成绩与优点得到别人的认同，哪怕这种渴望在别人看来似乎带有点虚荣的成分。"

米克公司的总裁以他的亲身经历谈到："20年的职业生涯里，我曾到数百家公司，与数千名员工面谈。如果从这么多次与员工交谈的机会里找出一个共同的重点的话，令我印象最深刻的，便是大家都在抱怨，在现实生活中，对于员工的表现，公司没有好好地赞扬、奖励他们。"美国著名的企业家玛丽·凯阿什也讲过一句话："管理不是管物，而是开发人才。要成为一个优秀的管理人员，你必须了解赞美可以使人成功的价值。赞美是一种有效而且不可思议的推动力量。"

可见，赞美员工是非常重要的，这是激励员工既经济又有效的方式。因此，领导者要想使员工始终处于施展才干的最佳状态，就要时常表达自己对他们的赞美之情。当员工知道自己的表现受到肯定和重视时，他们会怀着感恩之心在工作中表现得更加出色。

美国钢铁大王卡内基在 1921 年以 100 万美元的超高年薪聘请了查利斯·施瓦布担任公司的执行总裁。许多人不解地问卡内基："施瓦布既没有出众的专业知识，又没有丰富的管理经验，为什么你会选择他呢？"卡内基回答说："因为他最会赞美别人，这也是他最值钱的本事。"

艾伦是查利斯·施瓦布的助手，她经常能够听到来自查利斯·施瓦布的赞美："这看起来是做得非常好的工作。""谢谢你对这项工作的所有努力。""谢谢你如此辛苦地工作，让我能在这么短的时间内看到结果。""我都无法做得这么好！"……这些话令艾伦心情愉快，工作起来更加卖力。

查利斯·施瓦布曾被西方人誉为"天才管理家"，提及自己的成功秘诀，他这样说道："来自上司的批评最容易扼杀一个人的志气。我从来不批评、打击他人，我相信鼓励、赞扬是使人更好工作的原动力。"

赞美员工既不用成本，又可以鼓舞人心，何乐而不为呢？值得一提的是，研究发现每七天内就给予表扬才能保持持续的效果，因此赞美员工的行为是要经常性的。美国著名的盖洛普公司曾提出，一个优秀经理的标准之一就是最近七天内每个下属是否都能受到夸奖。

总之，赞美作为一种激励手段绝不是无足轻重、可有可无的，而是十分重要、卓有成效的，有些管理学者甚至把它比作

"仙人的魔棒""点石成金之术"。一个合格的领导者必须学会赞美的艺术，以激励员工努力工作。

002

[善于从小事上赞美员工]

一位巡警在巡逻时发现仓库门口的灭火器坏了，及时告诉了总经理。总经理很快就安排相关人员放置了新的灭火器。此后谁也没有将这件事放在心上。然而半年后的一天，库房因电线短路突然起火，幸好灭火器能使用才及时扑灭。

忙乱中，总经理首先想到的就是那位细心的巡警。如果不是他发现灭火器坏了，就不能及时更换，现在也会无法正常使用，那么库房可能就被烧毁，公司也保不住了。于是，总经理赞扬了这位巡警，并代表公司向他致谢，号召全体员工向他学习。

很多领导者都精通赞美之词，但是大多数人却不愿从小事上去赞美员工，认为只有遇到大事、重要的事时，才有赞美的必要。在这种心理驱动下，很多领导者不能正视员工的小成绩，对员工的"善小"行为熟视无睹，如此就怪不得这些员工心生怨气，"善小"之行越来越少，最终导致了管理的无章无序。

一件小事看似微不足道，然而，千里之堤，溃于蚁穴。如果我们用辩证法的观点去分析，就会发现一件小事往往会引发大事，几件小事累积在一起就可能产生出人意料的结果。所以，小事看似微小，实则十分重要。况且，日常工作中哪有那么多大事，大事不都是由一件件小事构成的吗？

小处可做大文章，从微不足道的小事入手，用心挖掘和赞美员工的"得意小作"，这是一种了不起的管理手段，因为这在员工看来是一种莫大的鼓舞，能有效调动他们的工作干劲和热情。

某天刘经理换了一个新司机，这也是他第一次坐新司机开的车。当时正值上下班高峰时间，路上交通拥挤，但新司机车开得平稳且不慢。这时，刘经理开口说道："王师傅，你在这样的情况下还能开得这么快，真不简单，厉害！"

虽然这只是一句小小的赞美之词，但是王师傅听了却非常高兴。因为他确实驾驶技术高超，尤其对在繁华道路上如何行驶更有自己的独到之处，但是在刘经理坐他的车之前，从未有人这么夸过他。

这件事情过去十多年了，王师傅每当提及此事，仍是念念不忘，他常常高兴地对朋友讲："瞧，领导既关心我又赏识我，我开车开得好根本不是什么了不起的事，也被他大大夸奖了一番。跟着他干，气儿顺。"

领导者要想学会赞美员工，提高自己的管理效率，就不仅要从大事上夸奖员工，还要从容易被人们忽视的小事上去夸奖他们，要善于发掘可赞美的小事，看到小事背后的重大意义。

另外，在日常生活中，可以称赞员工的一些小变化。比如，发现员工在穿戴上有值得赞美的地方，也可以说出来。如果对方换了新领带，可以说："这条领带你戴着蛮好看的，在哪儿买的？"他一定会愉快地接受赞美，对领导者产生好感。特别是女性员工，对自己的穿戴是十分注意的，一旦有人注意到了她服饰的变化，她一定会感到由衷的喜悦，这时领导者和员工之间的心理距离也会缩短不少。

003

[学着用欣赏的眼光看待员工]

孟苗是一家公司的业务主任，工作能力没的说，但是她跟员工的关系很差，这一切都源于她总是盯着别人的缺点不放：

"小李长得又矮又丑，我真没有心情和他说话。""阿明性格腼腆，这样怎么能做好业务？""听说燕燕只是大专毕业，真不知道经理当初怎么会聘用她。"……

有了这样的想法后，孟苗处处流露出对他们的看不起和疏远情绪，自然给人留下了清高孤僻的坏印象，员工们常常抱怨："哼，自以为是领导就看不起人啊！""我是来工作的，又不是来看你脸色的。"……接下来，孟苗的工作遇到了诸多困难。

多数领导者在观察员工的过程中容易陷入过分注意其缺点、忽视其优点的误区。

未经雕琢的璞玉常藏于乱石之中，如果不留心鉴别，它就永远埋藏于山野中，人们很难发现其价值所在。赞美的前提是发现，没有发现就没有赞美。所以，我们不要总是盯着员工的缺点不放，要学着用欣赏的眼光看待员工。

一位妈妈领着她的双胞胎女儿来到玫瑰园。妈妈看到了满园的玫瑰不禁陶醉，于是问两个女儿这地方怎么样。姐姐回答："这儿太糟了，每一朵花下都有刺。"而妹妹则说："这儿太好了，虽然枝条上有刺，可每个枝条上都有美丽的花。"

同样是在玫瑰园，姐姐看到的是刺，妹妹看到的则是花，之所以出现不同的判断，就是因为两个人看待玫瑰的角度不同。看物如此，看人亦然。当我们用挑剔的眼光去看待员工时，会觉得他/她到处都是不足；而当我们用欣赏的眼光看待员工时，则会觉得他/她优点多多。

正如法国著名雕塑家罗丹说的："生活中从不缺少美，而是缺少发现美的眼睛。"世界上没有十全十美的圣人，也没有一无是处的庸人。每一个人都有自己的优点，只要诚心待人，用心寻找，就一定能发现员工值得赞美之处。

莱科因家庭条件不好，又不爱学习，只念了几年书便辍学了。辍学后他一直没有找到合适的工作，"你不合格，走吧""对不起，我们不能聘用你"，这是他听到最多的话了。没有办法，父亲只好联系了一个朋友，期望他能给儿子一份谋生的差事。

"会会计吗？"父亲的朋友问，莱科羞涩地摇头。"懂法律吗？"莱科又不好意思地摇头。"那物理或者历史呢？""数学怎么样？"……对方接连的发问让莱科满脸通红，他羞愧地说："很惭愧，我一无所长，我知道您不会聘用我的。"说完，莱科准备离开。

父亲的朋友叫住了莱科，说道："小伙子，将你的住处留在这张纸上吧！"莱科羞愧地写下了自己的住址，急忙转身要走，却被一把拉住了："嘿，你的字写得很漂亮嘛，不如留下来帮我抄写文件吧。"

得到这样的称赞后，莱科有了一些信心，他想：把字写漂亮，我就能把文件抄写得好看；能把文件抄写得好看，我就能把工作完成得好……从此，他开始认真地研究文件工作，不久就成为了一名优秀的文秘。

赞扬可以改变一个人，赞扬是催人向上的最好动力，可以有效地激励员工。如果领导者拥有一双善于发现美的眼睛，及时表达出对员工的赞赏之情，所获得的不仅是良好的上下级关系，更有员工的干劲和丰厚的企业利润。

假如一时没有看到员工身上值得称赞的地方，那么不妨从日常工作着手。不要因为上下班的行为是例行之事就不去赞美他们。的确，这些是员工应当做的，这也是他们得到薪水的原因，但是如果领导者偶尔夸一夸这些例行之事，他们就会更加认真负责地执行。

总之，要想做好一位领导者，就不应该吝啬对员工的赞美之词，更不要说员工没什么值得赞美的地方。多多留心，发现员工身上的闪光点并加以赞扬，激励员工就不是一件难事。

004

[真诚的赞美才能打动员工的心]

20岁之前的萧伯纳是一个公认的"胆小鬼"。他刚到伦敦时有人请他去做客，但是他到了主人家门口后，却无论如何也鼓不起勇气按门铃，徘徊许久后选择了放弃。如此胆小的一个人，最后却成了一位有名的演说家，不能不让人感到惊奇。

萧伯纳的第一次演讲是在一位朋友的邀请下参加的。当时，胆小的他诚惶诚恐地站起身，声音很小地讲了一个故事，当即有人笑他胆小得像个小姑娘，他觉得自己蠢极了。正在他懊恼时，一个女孩真诚地对他说："萧伯纳，你的声音真好听，如果再大些会更悦耳。"萧伯纳害羞地看着女孩，女孩开心地笑了。她知道他已经接受了她的赞美。的确，就是这句简单的赞美让萧伯纳不再拒绝在公众场合发言，他像是被一股无形的力量推动着去前行。

此后，每逢周末，无论是在公园、市场还是在码头、学校，萧伯纳都会积极地寻找机会当众演讲。每次演讲过后，他都要从中总结经验教训以不断提高自己。经过反复的锻炼，萧伯纳再也不是"胆小鬼"了,他不仅能够大胆地与别人交谈,而且能够在大庭广众之下用自己的言语赢得鲜花和掌声。

看,一句赞美就帮助一位胆小的青年成为举世闻名的演说家,这就是赞美的力量!而为赞美赋予力量的就是真诚。真诚而恳切的赞美,是基于事实、发自内心的。

人们希望得到的赞美是能真正证明他们价值的赞美,也就是说,人们希望得到的赞美是真正把他们看成值得赞美的人,花费了精力去思考才得出的结论。"诚实是最好的策略",只有真诚的赞美,才能够打动员工的心。

那么,到底怎样的赞美算真诚呢?领导者一定要掌握以下要点:

1. 赞美用语要具体

领导者赞美员工时要尽量具体,因为越具体越说明你对员工长处的了解和看重,对方就越能受到鼓励。说出员工的业绩与成就,是对员工最有力的赞美方式。

文惠是一家公司的总裁,年终公司的各种会议和各式各样的报表非常多,文惠既要参加会议又要指导办公室相关的工作,忙得不可开交。这时,有一本账单总结需要明天开会用,而这份总结必须由文惠亲自动手完成,无奈之下她只好让办公室的几个秘书帮助做一些相关资料的查找计算工作。

第二天，文惠顺利地上交了那份总结，这使得她对几位年轻的员工心存感激。她非常真诚地说："我真感谢昨天晚上你们为我加班，那些资料信息很全面，相关数据也很准确，使所有的工作都按预期完成了，我感到非常轻松和高兴，谢谢你们。"

案例中，文惠既没有泛泛地称赞员工们"工作好"，也没有称赞他们是"称职的员工"，而是真实具体地指出了他们查找的资料信息全面、相关数据准确，并对这一行为加以称赞。这样的称赞让人觉得很明确，会使员工更加严格要求自己，争取在其他方面也做得更好。

2. 赞美要因人而异，不要千篇一律

赞美要因人而异，是指赞美时要考虑对方的身份、地位、心理需求等。比如，对年轻的女职员，就要赞美她的打扮；对热爱工作的职员，要赞美他/她的工作绩效；对于老员工，可称赞他/她知识渊博、宁静淡泊；对年轻人不妨赞扬他/她的创造才能和开拓精神，并举出几个例子证明他/她的确前途无量……

3. 赞美不必夸大其词，不必刻意为之

赞美要有一个分寸，不必刻意为之，也不宜太夸张。如果任意地夸大员工的优点或成就，人为地加上本身不具有的价值、意义，甚至吹捧，那么员工不仅不会领情，还会认为领导者"另有所图"，反而弄巧成拙。

总之，赞美员工一定要真诚，到了该赞美的程度时才赞美。

只有这样，说出的赞美之词才不致被人误解，员工才会产生由衷的喜悦感，进而更加努力地工作。

005

[公开表扬取得成绩的员工]

玛利亚是一家化妆品公司的新业务主管，她深谙公开表扬的智慧，并付诸实际。一看到某个员工做出了成绩，她就会很兴奋，冲进大厅将这一消息公之于众，让其他的员工都知道这个人的成绩。

一开始，公司经理并不认同玛利亚的做法："虽然做业务需要热情和冲劲，但是我想这种精神最好是面对客户的时候。在公司大厅公告某一员工的工作成绩，我觉得这显得有些不够理智。"

但是，玛利亚却摇摇头："不，我认为这是一种最好不过的方法。如果你不相信的话，不妨给我三个月的时间，到时候再下定论。"三个月后，这家公司的月销量额比之前翻了两倍，公司经理也不再反对玛利亚的做法。

公开表扬取得成绩的员工，是一种相当鼓舞人心的激励法。比起一对一的表扬，以公开的方式对一些员工进行表扬，会使赞扬的效果更加显著，也会更能激励员工。

所谓公开表扬，顾名思义就是在某一公共场合对某些人提出表扬。员工大多是渴望"脱颖而出"的，领导者当众对员工进行表扬正是让他们"突出"，让他们意识到领导对他们的肯定和赞赏，进而进一步激发员工渴求成功的欲望。不仅如此，有了成绩的员工被公开表扬，他们的业绩被所有的人关注和赞许，还能给其他人树立榜样，鞭策其他员工努力工作，形成你追我赶的竞争氛围。

因此，对工作优秀或有突出成绩的员工给予公开表扬，是领导者激励员工的有效方法。除像案例中玛利亚这样当众表扬外，领导者还应该以表彰会、庆祝会等形式对员工给予定时或及时的赞赏，鼓舞团队士气。不过，不必太隆重，只要及时让员工知道他们的工作做得相当出色就可以了。

一般来说，对于一些十分突出的好人好事，或带有标志性的良好行为，以及过去在群众中有不好影响而现在有转变的人，领导者采用当众表扬的方法常常能起到鼓励先进、鞭策落后的效果。然而，当众表扬某一位员工的成绩和优点，也可能会引起其他人的不满，有时不仅对被表扬的员工造成坏的影响，还会损害领导者的威信和形象，激化企业的内部矛盾，所以当众表扬员工时一定要注意方法。

总的来说，领导者要注意以下四个细节：

1. 当众表扬员工要有理有据

当众表扬一位员工必须要使其他人心服口服，这就要求领导者说话要有理有据。"有理"就是要求领导者说话有道理，无可挑剔。"有据"就是要有事实根据，确凿无疑，谁也说不出个"不"字来。有理有据，大家才能心服口服，自觉效仿，才能真正起到教育和激励的作用。

2. 不可采取褒此贬彼的方式

当众肯定和称赞有成绩的员工对于激励众人是必要的，但切忌对某个员工过度赞誉，而对其他人倍加贬损。这样褒此贬彼的做法，将会严重地伤害被贬员工的自尊心，不仅达不到预期的激励效果，相反还会酿成领导与员工、被表扬的下级与其他人之间的疏离，甚至敌对，破坏企业整体的凝聚力。

3. 注意控制员工们的嫉妒心理

公开表扬个别员工时，要注意顾及其他员工的心理，尤其是要注意其他人的嫉妒心理。称赞越多、越重，其他员工产生妒忌心理的可能性就越大，如此原本的激励效果就被消减了。所以，领导者公开表扬时要把握分寸，懂得适可而止，并在表彰个别员工时别忘了团队成员，毕竟任何成就都是集体努力的结果。

4. 给每个人以均等的机会

领导者当众表扬员工，因为影响面较大，所以应当坚持公平的原则，给每个人以公平的机会。表扬要把握对事不对人的原则，谁有了成绩、符合要求、达到标准都要当众表扬，而不能此一时彼一时，忽冷忽热，专门偏向某个人或某几个人。只有这样，才能充分发挥当众表扬的激励作用，创造一种公平竞争、努力向上的工作氛围。

006

［ 不拘泥于单一的表扬方式 ］

三国时期，刘备胸怀壮志，立志要在群雄并起的乱世中成就一番伟业，然而他只是个落魄贵族，无权无势。当时的曹操、袁绍、孙策等人无不是世代为官，财雄势大，所以刘备虽有关羽和张飞的辅佐，但还是屡战屡败。

当时，刘备兵败当阳，人马被打散了，连自己唯一的不满周岁的儿子阿斗都不知所踪。多亏了赵云，怀抱幼主杀开一条血路回到了刘备身边。刘备一边抱着阿斗，一边看着浑身血迹的大将。突然，刘备把阿斗往地上一摔，说道："为你这孺子，几乎损我一员大将！"赵云一见此情景，深受感动，连忙抱起被刘备抛掷于地的阿斗，一边跪到地下，一边感慨万千地说："赵云就是肝脑涂地也不能报主公的大恩啊！"

后来，经徐庶和水镜先生推荐，刘备三顾茅庐，终于请到了有经天纬地之才的诸葛亮。在请到诸葛亮后，刘备从来没对他摆过一丝一毫的主公架子，而且常常对人说："我得孔明，就好像如鱼得水。"这些话引起了关羽和张飞的不满。张飞说："什么如鱼得水，等曹军来了，你让'水'去替你杀敌好了！"刘备听到张飞这番话，狠狠地训斥了张飞，对待诸葛亮一如既往地亲厚。刘备在临死时，对诸葛亮说："君才十倍曹丕，必能安邦定国，终定大事。若嗣子可辅，则辅之；如其不才，君可自为成都之主。"诸葛亮听了之后感激涕零，从而引出了后来七擒孟获、六出祁山、鞠躬尽瘁、死而后已的故事。

刘备身为一代豪杰，用兵或许并不是他的强项，然而在管理方面他绝对是一等一的高手。他没有花一丝一毫的"成本"，更不拘泥于单一的表扬方式，只是一个动作或是寥寥数语就收服了自己最得力的两个属下——赵云、诸葛亮，使他们始终忠心耿耿地追随自己。

对赵云，他这一摔比任何奖励更能激励人心。要知道，阿斗是刘备当时唯一的儿子，同时也是刘备未来的继承人。在赵云看来，刘备竟然会为了自己这个"臣"而怒摔未来的"君"，这无疑是对他的最高奖赏。尽人皆知，关羽、张飞是刘备的拜把子兄弟，可刘备为了初来乍到的诸葛亮而怒斥自己的兄弟，诸葛亮心中当然感激。君主不会容忍任何人篡夺自己的权力，可是刘备却对诸葛亮说出"如其不才，君可自为成都之主"的话，诸葛亮又怎能不对刘备的知遇之恩鞠躬尽瘁？

通过刘备表扬手下的成功案例，我们看到，赞美员工有很多种方式，绝不仅仅是口头上送给员工一顶高帽，或是随手写一张表扬员工的卡片那么简单，它可以用多种多样的方式传递真挚的鼓励和期待。领导者需要根据不同的场合和情况来判断，究竟哪一种才是最适合的办法。

1. 直接表扬和间接表扬

员工在场，领导者提出表扬，叫做直接表扬，又称为当面表扬。这种表扬方法的优点是表扬及时，产生效果快；间接表扬，就是当事人不在场，领导者在背后进行表扬。当领导者想表扬一个人而又不便当面提出时，可以在别的同事面前把他表扬一番，表扬的信息可通过第三者间接地传到他耳中。

人的心理常常是，厌恶别人背后讲他/她的坏话，但是很喜欢别人在背后讲他/她的好话。因此，间接表扬，会使员工认为领导者的表扬是诚心诚意、公平无私的，效果往往要比直接表扬好得多。特别是员工对某领导有成见、有误解时，领导者多采用间接表扬，往往能消除成见和误解，融洽双方的关系。

2. 就人表扬和就事表扬

就人表扬是指领导者表扬某个员工，对他/她的为人处世、思想品德等进行全面肯定。这种表扬适用于树立先进、模范；就事表扬是指领导者对某件做得好的事情进行正面评价，它不涉及某个人怎样，而主要评价某件事的成功与意义。这种表扬，要求把表扬事和评价人区别开来，对事不对人。即使做这件好事的人过去犯过错误，或者现在毛病还很多，同样可以通过表扬这件事来鼓励他/她。

3. 个别表扬和公开表扬

个别表扬就是没有第三者在场时表扬某个人。对于害怕当众表扬的人适合用这种方法。比如，对这种人只要拍拍他的肩膀说："你的工作很卖力，也很认真负责。这件事做成功了，有你一份功劳。"这种个别表扬，会使员工心里感到领导者对他是了解的、满意的、信任的，而且这种表扬是针对他自己的，因此激励效果显著。公开表扬就是在某一公共场合或者人群对某些人提出表扬，这需要领导者谨慎把握其中的分寸，这一点我们在前面的章节中已经提及，这里不再多说。

4. 领导表扬和公举表扬

领导者对员工的成绩和长处给予肯定，叫领导表扬。这种表扬体现了领导对员工的了解、尊重和信任，带有权威性。一般来说，群众是很重视领导者对他们的评价的，他们根据领导者的表扬来评估自己在领导心目中的地位。公举表扬，就是由群众推举和评选让群众代表去表扬某人或某事。这种方法的优点是能稳定受表扬者在群众中的基础，使其可避"领导偏心"之嫌，更能成为他人自觉学习的榜样。

5. 个人表扬和集体表扬

个人表扬就是领导者表扬成绩突出的某个人；集体表扬是领导者对集体进行表扬，这种表扬应具备以下条件：集体做出了显著的成绩；集体的成绩不是少数人努力的结果，大多数人对集体的成绩都有贡献。集体表扬的优点是可以培养人们的集体荣誉感和责任感，增进团结；其缺点是使荣誉分散。因此它常常与个人表扬结合起来运用。

除以上几种形式外，表扬还有许多的形式，比如赠送员工纪念品、给予旅游机会和休假时间、让其获得生产特别重要的产品或操纵关键设备的机会，或者发送一封电子邮件、发送一条手机短信，等等。为此，领导者可以根据不同的场合和需要，尽量地采取别开生面、效果理想的表扬方式。

007

[失败者更需要赞美的鼓励]

销售分部田鹏头脑聪明、能说会道，可是进入销售部一个月以来，他的业绩是团队中最差的。大家都很担心他，他自己更是担心会被经理辞退。在月底的员工大会上，经理把业绩好的员工表扬了一番，看到田鹏时他沉默了一会儿，这下让田鹏更紧张了。

一会儿，经理开口说道："田鹏嘛，也许在业绩上没有那么优秀，但是继续努力的话，相信一切会好起来的。"经理的话让田鹏紧张的心情稍微放松了一些，他原以为经理只是给自己一个台阶下，谁知经理继续说道："虽然田鹏的个人业绩差了一点，可是他具有非常可贵的团队精神。我们在场的每一个人的成功都得到过他的配合，他为此牺牲了很多的时间和精力。我们不能只看到自己的成绩，而忽略了他的努力。大家都要向他学习，经营好我们的团队。"听完经理的这番话，田鹏非常感动。

在企业中，领导者遇到过像田鹏这样的员工吗？面对这样"失败"的员工，是斥责、冷落还是鼓励呢？

古往今来，"胜者为王，败者为寇"似乎成了亘古不变的道理。所以，大多数领导者往往都会重视成功的员工，毫不吝惜地将自己的赞美之词送给他们。成功者付出了不少的汗水和心血，理应得到鲜花和掌声，这本是无可厚非的。但是，所谓的失败员工，他们一样也曾为了某个目标而艰辛地努力，他们付出的努力可能并不比别人少，只是因为这样或那样的原因屡屡与成功失之交臂，他们理应得到赞美的鼓励。领导者的表扬，如果对于成功的员工来说是锦上添花，那么对失败的员工来讲则是雪中送炭。

　　玛丽·凯一直提倡"以人为本"的管理方式，激励员工是她的"金科玉律"。一天，公司新来了一个业务员，他是从其他公司跳槽过来的，并且在以前的营销工作中屡遭失败，他甚至对自己的营销技能丧失了信心。

　　得知此事后，玛丽·凯找到这位业务员，微笑着说："听你前任老板提起你，他说你是一个很有闯劲、很优秀的小伙子，他认为把你放走是公司的一个不小损失呢！看来，我要好好培养你这个难得的人才啊。"

　　"真的吗？"业务员掩饰不住内心的喜悦，问道。

　　"是真的。"玛丽·凯依然微笑着说。

　　业务员一下子找回了失去的信心。他在冷静地对市场进行了研究分析后，使自己的营销工作有了新的起色，最终获得了成功。事后，这位业务员才知道玛丽·凯根本没有与他的前任老板谈过话，所谓的"前任老板说你很有闯劲、很优秀"也不是真的。

　　"前任老板说你很有闯劲、很优秀"，虽然这句话是玛丽·凯善意的谎言，却神奇地让这位业务员找回了失去的信心，充分挖掘了自己的潜能，最终获得了成功。人是一种奇怪的动物，把他摆到哪个位置他就会在哪个位置发展。

谁能在成功的道路上一帆风顺呢？员工跌倒了，不打击他、不冷落他，而是拥抱他、赞美他。这样才能给员工以极大的激励。当周围是一片冷嘲热讽的时候，当脚下是一片泥泞沼泽的时候，倘若这时耳边响起了上司的鼓励，员工会深受鼓舞。

不是有一句话这样说："给失意的员工一点鼓励，虽然没有鲜花亮丽，也没有太阳夺目，但它却能像一滴甘露，滋润员工的心田。给失意的员工一点鼓励，就如保护一株风雨中的幼苗，守护黑暗中的一点烛光，呵护绝望时的一线生机。"当然，这些说起来简单，做起来却并不容易，需要领导者具有真挚的情感和灵活处理问题的能力。

第六章

情感激励：
把温暖送到员工的心坎里

　　管理员工的有效途径不是用规则，而是用情感。要激发员工的主动性和积极性，领导者就得把员工当成企业大家庭的一员，进行人性化管理，无微不至地关心员工的工作、生活和成长，把温暖送到员工的心坎上。一念之间，真情流露，即可春风化雨。

001

[在管理中多点人情味]

美国的凯姆朗公司是一家很小的服务性公司,开业时只有5名职工、2辆汽车。15年后,它的营业额竟高达3亿美元,它的业务只不过是为住宅的草坪施肥、喷药而已,却吸引了大批学者去研究它。他们发现,对员工有人情味是凯姆朗公司有如此魅力的主要原因。

比如,领导者杜克在员工面前从来没有架子,他时常会给员工准备点心,员工生病时他还会亲自带上礼品前去看望。当员工抱怨"公司内有苍蝇,害得我们心情不好"时,杜克便晚上拿着蜡烛在办公室里抓苍蝇。杜克还表示,即便是在行业最不景气的危急关头,当其他公司都在大规模裁员时,凯姆朗公司绝不会主动裁减一名员工。这些措施使每位员工都感到公司就是自己的"家",他们就是公司的"主人"。

企业要追求利益,但也不能失去人情味。所谓"人情味",是人与人之间真挚情感的自然流露,就是要坚持"以人为本"

的原则，把员工当成家人，关心他们的生活。

好的领导者会将情感激励融入员工管理中，员工需要得到关怀和慰藉。所有的员工都喜欢人情味浓一点的领导，因为这样的公司能给他们带来精神上的满足。薪酬是硬性条件，而人情味却是柔性的，在"柔性"管理之下，员工会如沐春风，感受到家的温暖。

有一则寓言：冷风和太阳打赌，看谁能让行人脱掉身上的大衣。冷风先吹了一股刺骨的风，吹得行人瑟瑟发抖，于是行人把大衣裹得更紧了；太阳则缓缓照着行人，行人觉得温暖惬意，继而脱掉了大衣。最终，太阳获得了胜利。

进一步思考，如果领导者"冷冰冰"，企业只是一味提高薪酬标准，而没有人情味，那么在这种"刺骨的冷风"下，员工只会把"大衣裹得更紧"。在他们看来，薪酬也只是自己应得的回报，公司对待自己与对待机器没有什么差别，如此就没有工作热情可言。

相反，领导者多给员工一些关爱，营造充满人情味的环境，可以增进员工对企业的归属感。从另一个方面讲，员工潜能的发挥有赖于宽松的环境和舒畅的心情，只有员工充分发挥潜能才会为企业创造持续性的经济效益，令企业迸发出旺盛的生机和活力。

邹明大学刚毕业时凭借优异的学习成绩应聘到一家广告公

司做销售部经理助理。这家公司规模较大，资金充裕，有很大的发展潜力，邹明也感觉前途一片光明。然而，不到半年，他就"跳槽"了。原来，这里的领导存在官僚作风，经常叫邹明做一些诸如停车之类的杂事。而且，员工只要工作出现失误就会被罚款。更夸张的是，公司时常会一连三四天加班到后半夜且没有加班费。思来想去，邹明决定向领导提出自己的意见，结果全被驳回了。

最后，邹明实在忍受不住，跳槽到另一家科技公司做销售主管。这家公司虽然规模不大，工资不是太高，却给了邹明很大的触动，原因就是这家公司充满人情味。整个公司就像一个大家庭一样，领导没有架子，不轻易让员工加班。有一次，邹明因交通事故造成骨折，领导还亲自买了营养品与水果来看望他，让他备受感动。

经常被领导指挥着做这做那，只要出现工作失误就被罚款，动不动就连续加班三四天，而且没有加班费。试想一下，在这样一种缺少人情味的环境下工作，有谁会开心呢？又有谁还会死心塌地为公司打拼呢？结果只会机械似的工作。

在一个有丰厚经济利益和人情味的公司上班，是对完美工作的定义，甚至有些人为了追求工作上的顺心而放弃优厚的待遇。所以，领导者要懂得用"爱的精神"对待自己的员工，在工作上给予支持，在生活中给予照顾，营造充满人情味的环境，为员工提供广阔的成长空间。在这样的氛围中，每个员工都会争先恐后地做出贡献，由此形成企业可持续发展的良性机制，这比死板苛刻缺乏人情味的制度要好上千万倍。

002
[记得时时用微笑面对员工]

日本某公司总经理的办公室里挂着这样一幅画：

两个人的嘴，其中一张嘴嘴角下撇，像个倒扣的勺子，结果从上面掉下的金银珠宝都顺着"勺底"滑到了地上；另一张嘴却是嘴角上翘，笑眯眯的样子，整个嘴巴就像一个正放的勺子，结果从上面掉下的金银珠宝一个不漏地落进了嘴里。

这家公司对画的解释是：微笑是财富的源泉，直接决定了一个企业的生死存亡。

微笑是一种主动向人示好的表现，它能使人产生亲切感和愉快感，正如英国诗人雪莱所说的："微笑是仁爱的象征，快乐的源泉，亲近别人的媒介。有了笑，人类的感情就沟通了。"微笑也是一种温暖员工的方法，但是很多领导者在平时的工作中忽略了这一点。

虽然微笑不能代替有效的管理制度，但微笑有任何制度都无法企及的作用。微笑如同阳光一样，给员工带来温暖，使员工对领导者产生谦和、平易近人的良好印象，能够缩短领导者与员工间的距离，让大家在心理上产生共鸣。这样也就实现了激励的效果。

可以想象，如果企业领导者整天板着一副严肃、生硬的面孔，员工们整天战战兢兢地在紧张的心理状态下工作，哪里还能积极、主动地发挥自己的才能？没有员工的主动性，那么无论企业的管理制度怎么完美无缺，都难以创造出令人满意的业绩。

但如果企业领导者懂得用微笑面对员工，就会在企业内创造出一个和谐融洽的气氛，驱散上下级之间、同事之间可能存在的阴霾。员工心情舒畅，不仅每个人尽心尽力、积极主动地工作，而且还相互支持、相互帮助，形成一个所向披靡的高效团队，这样的团队就算遇到再大的困难，也是能够最终克服的。这就是企业的核心竞争力，能够有效地保证企业持续稳定地发展。

美国钢铁和国民蒸馏器公司的子公司 RMI，坐落在俄亥俄州的奈尔斯。一段时间里，RMI 公司的工作效率低，生产率和利润率也上不去。后来，一个名叫大吉姆·丹尼尔的人出任公司总经理，他认为，开发员工的潜力是振兴公司的根本，通过这种方法最终扭转了公司的困境。

大吉姆·丹尼尔没有什么特殊的管理办法，他只是在工厂里到处贴上了标语："如果你看到一个人没有笑容，请把你的笑容分给他。"这些标语下面都签有名字：大吉姆。大吉姆·丹尼尔还让公司设计人员制作了一个特殊的厂徽：一张笑脸。并将这张笑脸绘在公司办公用品上、工厂大门上、厂内板牌上，甚至在员工的安全帽上，明确要求各级领导对员工们时刻保持微笑。于是，在RMI公司，人们常常可以看到大吉姆·丹尼尔满面春风地向人们征询意见，喊着员工的名字打招呼。即便是和工会主席列席会议的时候，大吉姆·丹尼尔也常常面带着笑容。

微笑使RMI公司率先渡过了难关，在不到3年的时间里，RMI公司没有增加1分钱的投资，生产率却惊人地提高了近8%，资产总值达数十亿美元。后来，RMI公司的厂徽，也就是"大吉姆"式的笑脸，被美国人称为"俄亥俄的笑容"。《华尔街日报》称RMI为"它是纯威士忌酒——柔情的口号、感情的交流和充满微笑的混合物"。

比起其他激励方法，微笑管理是一个不需要增加投入的管理，它不需要投入额外的人力、物力、财力，它需要的只是领导者轻轻地运动面部肌肉。也许有人会质疑，不就是对着人微笑吗？谁不会啊！其实不然。

微笑，不能理解成打哈哈似的无原则的滥笑，也不能理解成笑里藏刀的奸笑。无原则的打哈哈笑，只会让员工觉得领导者毫无内涵，从而对其印象大打折扣；笑里藏刀的奸笑是暗含恶意的笑，员工往往会认为这笑容下隐藏着不可告人的动机，目的性不纯。

领导者所应推崇的微笑管理，应该是真挚的、发自内心的，是自己乐观心态的真实体现，是发自内心的尊重、信任和关怀员工。领导者把真诚乐观的情绪传递给身边的每一位员工，让他们时刻保持着愉悦的心情，这样才能达到激励的作用。

发自内心的灿烂微笑是可以修炼而成的，只要愿意随时都可以。比如，可以穿一件自己喜欢的衣服，有意地打扮一番；多和自己说"今天我很开心""我的微笑很迷人"之类的话，不断对自己进行积极的自我暗示；想象一些比较开心的事情等。

003

[帮助员工平衡工作和生活]

林小姐是某金融机构的一名职员,因为上班压力大,她下班后的时间基本都用来睡觉,根本没有多少与丈夫交流的机会。渐渐地,林小姐发现丈夫对自己不再像以前那么亲密了。

"我不想放弃自己辛苦打拼来的事业,可是我也不能没有家庭,辛苦奋斗的这些年,如果没有丈夫的支持和理解,又有什么意思?"林小姐陷入了两难的境地,坐在办公室里也是一副心事重重的样子……

事业成功,但生活缺失,这是现代职场人可能会面临的问题。这一问题绝不仅仅只是员工个人应该思考的问题,对于企业来说也非常重要。一方面,企业的战略目标能否实现,员工的努力是重要的一点,只有解决了员工的后顾之忧,使其全身心地投入工作,才能产生好的业绩;另一方面,实现工作和生活的平衡对留住优秀人才也相当重要。

因此,领导者必须有一颗关爱员工生活的心,把"工作与生活平衡"作为一项重要的工作内容。所谓"工作与生活的平衡",主要是指员工如何进行工作和生活的时间分配等问题,简单地说就是在做好工作的同时也要兼顾自己的生活。要努力使工作和生活两不误,不能因为工作失去个人生活、家庭生活和个人爱好。

惠普一直强调这样一个理念,让员工工作和生活两不误。他们并不赞赏那种工作狂,更不希望把自己的员工变成工作狂。在这种理念的指导下,惠普为员工们提供了一个非常灵活、非常自主的工作环境。

在惠普,无论工作再忙任务再重,领导都坚持不让员工们在周末加班,每天晚上7点就开始催员工下班,不要加班。他们的观点是,在休息时间因工作打扰到员工的生活是极失礼的。而且,他们还致力于给员工最大的自由和空间,尽可能地照顾到员工的生活。比如,某个员工特别希望去看一场电影,而这场电影上演时正是上班时间,那么领导会允许这位员工离开。

惠普是一家靠创新制胜的高科技公司,而创新需要宽松的环境、愉悦的身心,惠普希望自己的员工是一群热爱生活的人,这样更有利于创新。事实证明,惠普的做法是正确的。工作和生活不存在冲突。没有了后顾之忧,员工们工作起来充满激情,而且精益求精,努力把工作做到完美。而且,这种工作方式赢得了员工的大力支持,使得惠普的员工流动率仅为8%,一度被评为最佳雇主。

一个不容忽视的事实是，员工工作是为了享受生活，而不是为了工作而工作，他们需要足够的生活时间。通过相应的措施，让员工工作和生活两不误，让员工感受到企业对自己的关爱，是一种尊重员工的表现，也是一种人性化的激励方式。

为此，领导者需要掌握以下几个要点：

1. 培养员工的时效观念

作为领导者，要监督员工在工作时间中是否投入，随时提醒他们要心无旁骛、全神贯注地工作，以提高工作效率，尽量在工作时间内把所安排的工作做好，赢得足够的生活时间。同时，也要告诉员工，上班时专时专用，休息时间只关注生活，该工作的时候好好工作，该休息的时候好好休息，这样工作起来就会高效很多。

2. 提高员工的工作能力

有些员工之所以在工作时间内做不完工作，很有可能是他们的工作能力不足，在工作上遇到了不能解决的困难和问题。因此，领导者要注重提高员工的工作技能和素质，使之工作起来得心应手，从而减少在工作时间内完不成工作的压力。

3. 定期组织活动

企业可以让家庭成员参观公司或举办联谊等，促使家庭成员和工作伙伴的相互理解与认识，这也能够促进工作和生活的平衡。比如，摩托罗拉公司在公司里定期举办"家庭日"，让员工和家属们欢聚一堂，这不仅丰富了员工的生活，减轻了员工的工作压力，而且大大增强了员工的忠诚度、自豪感和公司的凝聚力。

总之，工作和生活就像人的左腿和右腿，是人生的两个基本支点。工作和生活的平衡已经成为企业管理学的主要内容。领导者只有帮助员工实现工作和生活的平衡，才能使他们两条腿协调迈步，陪着企业走得更稳更远。

004

[为员工创造最优的工作环境]

当别的经理都在忙于同工人对立、同工会斗法时，美国国民收款机公司的创始人约翰·帕特森却探求出一条新的道路。他为自己的下属在公司建造了一座淋浴设施，供他们上班时使用；开办了内部食堂，提供减价的热饭热菜；还建造了娱乐设施、学校、俱乐部、图书馆以及公园等供下属们娱乐。别的领导们对帕特森的做法大感不解，甚至嘲笑说这是愚蠢的做法，但帕特森却说，所有这些投资都会取得收益。事实也证明了他的话，工人们与他的关系非常和睦。

无独有偶，美国 SAS 软件研究所也非常重视工作环境，他们提供给每个软件开发人员这样的工作环境：一间办公室，两所享受补贴的幼儿园，一个医疗保健中心，多个健康项目；在办公区专门为员工设立了一个 77000 平方英尺的，包括按摩室、午休室、K 歌厅和游泳池等娱乐健身中心，以及许多其他的业余休闲项目。如果员工的孩子在公司上幼儿园，员工中午还可以带孩子过来吃午餐。在公司园区大同小异的 20 幢建筑里均有厨房，免费提供营养丰盛的午餐和特色小吃。

从 13 年前《财富》杂志开始评选"最愿意为之工作的企业"以来，SAS 公司年年入选。CEO 吉姆·古德奈特自豪地说："在 SAS 工作是个非常甜蜜的职业，我知道员工们不会离开我的。"的确，SAS 公司员工的平均在职工作时间是 10 年，有 300 名员工至少工作了 25 年，这在当时算是一个奇迹。

在员工看来，工作环境是非常重要的，他们非常在意自己在哪儿工作，工作环境的好坏是员工判断企业好坏的重要因素。

从心理学上讲，当工作环境不能让个体的期望得到实现时，个人就会产生倦怠感和失落感。生活中，我们都会有这样的感受：在干净整洁的房间里心情是愉悦的，而在杂乱无章的房间里却很容易暴躁、失落。

关于优越的工作环境的重要性，我们可以听听员工们的真实看法："这会使我的身心得到愉悦，提高工作效率。""我会有一种归属感，人在最放松的时候总是能够迸发出许多灵感。""我们在这里工作，我们有权要求企业在环境上做出一定的改善，这体现了公司对员工个人权利的尊重。"……

惠普公司的创始人比尔·休利特说过："所有员工都想把工作做好，只要提供给他们合适的工作环境，他们就会做好。"与其整天口头上喊着"努力"，不如为员工创造优越的环境，激励他们自然而然地努力。

许多领导者也许已经认识到了工作环境的重要性，但是对良好环境的量化标准却一无所知，下面我们就一起来看一下：

1. 温度

关于人体温度，人体所需的高效和健康的温度应该是在37℃，即使是些微的变化都会导致人体的不适，温度太高或者太低都会影响员工的心情，进而增加工作负担。因此办公室内最佳的空气温度为18℃~21℃。

2. 相对湿度

室内湿度宜保持在40%~70%之间。高度潮湿（100%）会阻止汗的蒸发，人会变得乏力、昏昏沉沉，精力不集中，导致工作低效。低度潮湿（30%以下）造成空气干燥，使得皮肤组织干化，引发喉咙痛和感冒，使员工缺勤率上升。要想员工高效且舒适地工作，就要避免办公室过湿或过干的情况。

举一个例子，惠普办公室的温度和湿度是按照一流的标准来设计的。公司所在大厦的物业管理部门每天两次进行温度和湿度的测试，办法是这样的：测量人员拿着一张办公室的平面图，选取 20 个点进行测试，然后把每个点的温度跟湿度记录下来，以保证办公室内的每一个角落的温度和湿度都符合人体的健康标准。

3. 噪音

过多的噪音会使人生理上、心理上产生不良的影响，使人心情烦躁，注意力降低等，因此领导者要将相关的工作做好，不用金属桶，而用塑料桶；经常维修设备；走路轻、说话轻、操作轻的"三轻"工作要确实落到实处；使用多孔硬木板、软木、墙纸、地毯等。总之在正常情况要将声音强度保持在 40 分贝以下。

4. 光线

阳光可以使人心情愉悦放松。在办公室内，尽可能不要用窗帘、百叶窗、植物和家具遮挡太多窗户区域，采光越接近自然，越容易调动人体基因，使其调整至最佳状态。因此采光以自然柔和的阳光为宜，光线太强会让人不舒服。

5. 保持通风

封闭的写字楼里缺少流动的新鲜空气，员工往往会感到头昏脑胀，很难发挥好的工作状态。因此，办公室应尽可能保持适度的通风，除可以将窗户打开透气外，还可以用电子空气清新器帮助净化室内空气环境。

6.绿化

现在越来越多的办公场所都会摆放一些绿色植物，绿色植物不仅能缓解人们工作中的紧张情绪，使心情放松，更能提升公司的企业形象，使办公环境更加美化、舒适，凸显气派和高档。

当然，员工的工作场所有足够的空间吗？会不会像挤在一个"沙丁鱼罐头"中工作？桌子的尺寸是否合适，椅子坐着舒适吗？工作设备如何？……这些也都是领导者需要多费心思的地方，可以根据实际情况做出相应的调整，这里就不一一赘述了。

总之，在同等条件下，工作环境决定了员工的身心舒适度，进而决定了工作的效率。员工每天在企业至少工作 8 个小时，改善员工的工作环境可以说是企业关心员工的贴心举动，领导者一定要将这一工作落到实处、具体到细节。

005

[用心倾听员工的建议和抱怨]

马航是一家 IT 公司的技术主管，他跟其他人沟通时有一个坏毛病，就是喜欢一个人高谈阔论，容不得员工插话。员工向他谈及工作上的烦恼以及怎么做好工作时，他总是漫不经心，不待对方说完就开始做自己的事情。结果，马航发现员工们对待自己的态度越来越冷淡，他们的工作积极性也降低了不少。

人人都有表达的欲望，都喜欢有人能够倾听自己的心声。然而在实际工作中，很多领导者只知道表达自己，不愿意倾听员工的心声，结果导致员工怨声一片，觉得自己不被尊重和理解。

倾听员工的心声是一种有效的激励方法。领导者如果能够做到用心倾听，充分了解员工的所思所想，就能给员工传达肯定、关心和鼓励的信息，员工就会逐渐信任领导者，进而追随领导者。在领导者处事不公或管理不当时，发现员工对企业有不满情绪，需要给员工提供一个反馈个人意见和建议的平台。领导者只有用倾听解决问题，才能防止员工积怨，才能有利于企业发展。

某企业的张经理在员工餐厅里设置了一个交流箱，该信箱的钥匙只有他一人所有。他这么做并不是想取代下属与各部门负责人之间的沟通，而是想用这一方式给那些受威胁或受轻视的下属们一个安全保障。

有的是下属在工作中想到的问题，并就问题提出改进的建议；有的是就公司管理提出自己的看法；还有的是发泄不满。

张经理每周都会亲自查看信件，然后一一回复。

设置这种交流箱的费用不多，但收到的效果却是惊人的，员工的表现越来越好。对此，张经理解释道："倾听员工们的心里话，针对他们提出的问题，通过引导让其及时宣泄出来，摆脱困扰，员工就会重新焕发工作的热情。"

由此可见，倾听员工的心声可以实现企业内部管理信息的"对流"。企业管理层通过倾听，便于撤销不合理的管理办法，制定出更加科学合理的制度，提高管理水平；在得到上层的回应后，下属的顾虑、猜疑和不解就会消除，工作起来就会更加坚定和愉悦。

另外，领导者能够听取下属的意见，采纳下属合理的建议，可以使管理更加人性化，让下属从中看到希望，自觉地增强责任感和使命感。

倾听员工，主要还是要倾听员工心里的不满。一般情况下，容易让下属们产生不满的问题主要有三类：一是薪酬；二是工作环境；三是同事关系。对此，领导者一定要及时做出准确的处理。那么，领导者应该如何在倾听之后处理员工的不满呢？

1. 要尽量了解不满的起因

没有谁会无缘无故地不满，员工心存不满，就说明肯定是企业的某个方面出现了问题。领导者这时候要尽可能地去了解员工不满的起因，为后面解决问题打下基础。只有在深入解真实情况之后，搞清楚问题的本质，才能够找到卓有成效的沟通方案。

2. 要乐于接受抱怨

抱怨无非是一种发泄，抱怨者需要听众，而这些听众往往是抱怨者最信任的人。作为领导者，只要员工愿意在您面前抱怨，就说明我们的工作已经完成了一半，因为您已经成功地获得了他们的信任。

3. 让员工参加讨论

一般来说，大部分的不满是因为管理混乱造成的，而由于员工个人失职产生的不满只占一小部分，所以规范工作流程、明确岗位职责、完善规章制度等是处理不满的重要措施。在规范管理制度时应采取民主、公正、公开的原则，让员工参加讨论，共同制定各项管理规范，这样才能保证管理的公正性。

4. 要注意平等沟通

事实上，许多的不满都是针对小事，或者不合理、不公平现象的，它来自员工的习惯或敏感。对于这种不满，领导者可以通过与员工平等沟通来解决，先使其平静下来阻止不满情绪的扩散，然后再采取有效措施解决问题。

006
[给予员工改过自新的机会]

春秋时期,楚国内乱平息后,楚庄王宴请文臣武将,楚庄王宠幸的许姬也参加了宴会。酒到半酣,刮起大风,吹灭了所有烛火,大厅里漆黑一片。黑暗中,不知是谁仗着酒兴想轻薄许姬,许姬急中生智,扯断了那人帽子上的帽缨。

许姬跟楚庄王说:"大王,刚才有人趁乱想非礼臣妾,重新点亮蜡烛就能查出此人。"

楚庄王低声说:"酒后失礼是一时冲动,今天的庆功酒岂能扫兴?不要把这事放在心上。"又大声宣布,"今晚大家一定要尽兴,请大家都拔掉帽缨。"

待到烛光重新点燃,朝堂上坐着的全是没有帽缨的人。许姬环视了一下,看不出来谁是刚刚轻薄自己的那个人,便拂袖离去了。

三年后,晋国侵犯楚国,两国开战。楚军中出了一位英勇的将军,他率领百名壮士把楚庄王从乱军中救了出来,并带领士兵拼命冲杀,最终斩杀敌军五员大将,使楚国获得了大胜。

楚庄王很奇怪,问他为什么如此拼命。

将军回答说:"末将该死。三年前,我在宴会上酒醉失礼。大王不但没有治我的罪,还为我掩盖过失,我只有奋勇杀敌才能报答大王。"

在工作中,领导者都会对员工寄予厚望,希望他们能不断进取,力争上游。然而,总有员工的表现与领导者的期望不符,特别是当他们出现失误和差错时,有些领导者轻则拍桌子瞪眼,重则讽刺打击。殊不知,这种态度不仅于事无补,而且会激发员工的对立情绪,将他们逼向我们所不期望的反面。

人无完人,有谁想主动犯错呢?与其无意义地斥责,不如给予员工改过自新的机会。

实践表明,有过错的人往往比有功劳的人更容易接受困难的工作,他们会认为这实际上是对自己的一种强大的激励。给予他们改过自新的机会,可以促使其奋斗向上,创造出令人刮目相看的成绩。

王强是一家公司的营销总监,工作能力很强,在他的努力下,公司建立起一套系统科学的营销运作体系,组建了一支高效协同的营销队伍,使得企业效益有了明显的提高。但这样一个优秀的人才,在公司效益大幅攀升之际,却因为自己的一次过失,直接给公司造成200多万元的经济损失。

王强硬着头皮等待发落，可是董事长没有责罚他，只是让王强戴罪立功，要求他除了进一步完善营销运作体系外，还要整合公司内部资源，建立一套高效的销售系统。最终，王强顺利地完成了这一任务。

在这件事以后，王强对董事长更加忠心，他多次向朋友提起这件事："这种事情本来是应该被开除的，但董事长却给了我一个机会，让我从过错中吸取教训。"言谈话语之中，王强流露出的都是对董事长的感激与崇敬。

对于有过错的人才而言，他们最需要的就是获得重新证明自身价值的机会，尤其是当他们因过错而受到冷落后，这种愿望就会更为迫切。一旦企业领导者为他们提供了一个将功赎罪的机会，他们往往就能迸发出更强的干劲，以几倍甚至几十倍的努力去工作。

为了让员工更好地认识过错、改正过错，领导者应该做到于宽容中教育员工，尤其是当员工本意正确、方法错误的时候。比如，站在全局的高度审时度势，对员工的本意给予赏识，然后帮助员工分析错在哪里，并教给他正确的方法。

当然，让员工"戴罪立功"是有条件的。一是所选择的对象必须有能力，千万不能让能力不够的人去承担他无法完成的工作，那只会打击员工的自信心，他也很可能会破罐子破摔、一错再错下去；二是一旦员工在人格或道德上有重大缺陷，就必须严格处理，决不能纵容迁就；三是不要选择没有上进心的员工。对于没有上进心的员工，即使这次犯错给了机会，也很难担保下次不再犯错，所以不要在其身上浪费机会。

007
［向困境中的员工伸出援手］

有一天，"钢铁大王"卡内基的一个下属焦急地找到卡内基："尊敬的总裁，我需要和您说一件事情。最近，我的家乡正在进行房屋拆迁工作，现在我的妻儿失去了住处，我需要请假回家安排一下。"

当时因为业务很忙，人手较少，卡内基不想放这位员工走，就以"个人的事再大也是小事，集体的事再小也是大事"之类的道理来安慰他，并说："请你理解我的决定，过一段时间，我一定会给你一个假期的。"

不料，这位年轻的下属气哭了，他气愤地对卡内基说："在你眼里，我现在所面临的困难是小事，可是在我眼里却是天大的事。我的妻儿都没有住处了，你还让我怎么安下心来工作？是你的话，你能吗？"

卡内基当时就被这番话镇住了，他立刻向这位下属道歉，准了他的假。

这个案例对我们是很有启发的。

领导者要面对很多员工，少则三五人多则数百人。这些人虽然都是自己的手下，但他们也是一个个独立的人，他们也有自己的生活，也会遇到过不去的坎。如果像卡耐基那样无法体会员工在遇到困难时的心情，就会在无意之间做出伤害员工感情的事。

领导者要给予员工人性化的关怀，意味着领导者要关心员工的疾苦，在自己的能力范围内替他们排忧解难，这样才能解决员工的后顾之忧，使其全力以赴地投入工作。

事实上，危难时向员工伸出一只手，会比在他成功时你伸出两只手拍出的掌声更让他感动。人在困厄消沉中，有人向他伸出温暖之手，可以使其产生长久的感恩之情。因为最让人难忘的不是锦上添花，而是雪中送炭。

原摩托罗拉公司的总裁保罗·高尔文很重视自己的员工，对他们以诚相待，真心关怀，一旦员工遇到什么难题，他都会在第一时间伸出援助之手，他对下属的关怀早已扩展到了雇佣关系之外。也正因为如此，才有许多人愿意一直追随他。

在听说下属的家人生病时，高尔文会打电话询问："你能够解决吗？如果有问题的话，可以跟我说，我认识看这种病最好的医生。"有一次，有个在生产线上作业的年轻小伙子，他的父亲并不是摩托罗拉的员工，但是由于身患癌症，只能在家养病。高尔文了解到这个情况后，不仅给这名员工介绍了专家，还叫员工回家照看他的父亲，而且他的工资全部照发。此外，高尔文还曾为一位员工的子女交纳上大学的费用，为一位员工的妻子交纳分娩费……

高尔文的关怀不只是出现在员工遇到巨大困难时，在平日里，若是下属们遇到小麻烦，都能够得到高尔文的帮助。在他们公司有位采购员，那年因为生意不景气忍着牙病工作，高尔文在得知这个情况后，就劝他去看医生。采购员接受了手术，手术费却高达200美元，这在当时可是一笔相当大的金额，可是这位采购员从未见到过手术账单，他每次向高尔文询问时，得到的回答都是："你不用管，有我在。"

与其他的传奇富商相比，高尔文似乎更关心员工们的疾苦。他在自述中曾说道，他曾强烈地意识到：必须用真诚的感情说服员工，使他们认识到"一个公司只有在员工参与后，才能发挥效能，否则，只能是一潭死水"。

如果领导者希望自己管理有方，就必须与员工建立良好的关系，而良好的关系又建立在互相关心、互相帮助的基础上。领导者只有既善于利用员工的能力，又懂得关心员工的疾苦，替员工排忧解难，才能激发员工的工作积极性，实现管理有方。

具体来说，向员工伸出援助之手，需要把握好几个重要时机：家庭经济本来紧张，或收入突然减少，或一下子要支付一笔很大的开支而影响家庭经济平衡时，要帮助安排好其家属子女的生活，必要时要指派专人负责联系，不让员工担心牵挂家里；当员工生病时，要及时前往探望，要适当减轻其工作负荷，让员工能够及时得到治疗；当员工的家庭遭到不幸时，领导者还要代表组织予以救济，及时伸出援助之手，以缓解员工因不幸造成的损失。

此外，为了确保效果，还应注意以下两点：

1. 要摸清下属的基本情况

领导者要时常与下属谈心，关心他们的生活状况，对生活较为困难的下属和其家庭情况做到心中有数，以便及时伸出援手。

2. 在力所能及的范围内进行帮助

领导者每天都有许多职权内的责任，分担下属的困难要本着从实际出发的原则，在力所能及的范围内进行，也就是要量力而行。千万不要开"空头支票"，给予承诺却没办法兑现的影响是糟糕的。要知道，没有人愿意跟随一个不讲诚信的人。

008

［ 帮助陷入低潮的员工重新振作 ］

孙女士是某公司营销部的经理，她平时对员工要求严格，不允许员工因为个人原因耽误工作。一天，孙女士看到下属娜娜闷闷不乐地坐在自己的座位上，工作懒散，便生气地说："你干什么呢？赶紧工作！"说完之后，自己还是一副余怒未消的样子。

娜娜平静地回答道："好的，经理。"不过，她还是奇怪地看了孙女士一眼。没一会儿，娜娜竟然在电话里跟客户吵了起来，给公司造成了很不好的影响。后来，其他人告诉了孙女士事情的原委。原来，娜娜上周跟相爱了七年且已经谈婚论嫁的男朋友分手了。这是一次非常沉重的打击，她情绪已经到了失控的边缘。

员工不是时时刻刻都能保持高涨的情绪工作，因为各种各样的原因，他们难免会有处于情绪低潮的时候，且因为不能摆脱这种情绪而士气低落。

有些领导者会认为，员工来工作就应该有工作的态度，必须要控制住自己的情绪，所以，他们从不关心或者很少关心员工情绪的波动，甚至千方百计地压制员工情绪的外露。殊不知，这种方式会使员工感到自己不被尊重和理解，产生抵触情绪。

正确的方法是，当员工情绪低落时，领导者要体谅并且及时地给予慰藉或忠告，必要时还要加以引导和援助，这比压制、批评更能激励员工的心。

李广是一家汽车公司的机械工，他技术纯熟，曾因工作能力强而获得董事长的嘉奖。但是，公司最近换了一批新型设备，这让李广过去的经验完全派不上用场，等于是从头开始学习。所以，李广的工作绩效和之前相差甚远，这让他情绪低落，不仅工作不积极主动，还经常和同事发生争执。

科长将一切看在眼里，他将李广叫到了办公室，并和他促膝长谈。了解情况后，科长非常感慨地说："想当初你是这些员工中技术最纯熟的，连董事长都夸奖你呢。你一直都很优秀，我相信只要你好好学习一下，一定能够掌握这种新机器。"

听到科长的这番话，李广回想自己当年的那段光荣经历，心里有感慨，也有了动力。

当员工情绪欠佳的时候，领导者要善于激励员工，要以贴心的安慰消除其沮丧的心理，让员工重拾以往的自信。只要员工从沮丧的情绪中走出来，就会更加感激领导者的相助。

那么，具体来说，领导者应该如何管理员工的情绪，帮助陷入情绪低潮的员工重新振作呢？我们来一起看一下：

1. 切莫压制，及早疏导

从心理学角度来讲，情绪就像洪水，不让它发泄出去，它就会猛增暴涨，在心理层面上形成强大的压力。因此，领导者切莫压制员工的情绪，应该采取多种方式让员工有话敢说，有效释放情绪。员工一旦将不满情绪发泄出来，心理上得到平衡，情绪就稳定了。

为此，领导者在平时要留心下属情绪的细微变化，敏锐地觉察其心理状态，然后通过有效方式及早疏导其不良情绪，帮助其释放压力，培养积极的情绪。例如，可以通过一对一的交谈、聆听、倾诉，或者组织一对多的聚会、周末酒会等形式，实现有效沟通，帮助员工重新振作。

20世纪90年代，日本不少企业在心理学家的建议下，设立了所谓的"特种员工室"。"特种员工室"里陈设有经理、车间主管、班组长的偶像及木棒数根，员工一旦情绪陷入低潮时，就可用棍子打自己所憎恨的人像，以求心理平衡。现在，在北京、上海、广州等地，这种"特种员工室"也非常流行。

2. 区别原因，对症下药

每一个员工意志消沉的原因不尽相同，有的是因为从事超负荷的工作经常失败，对工作缺乏信心；有的是感到自己与同事缺乏良好地沟通，相处得极不愉快，甚至每天上班一见面就感到厌烦；还有的则是因为一些私人问题导致心情不畅；等等。针对不同的原因，用不同的方法帮助员工走出低谷期，重新燃起工作的热情，这是领导者的一项重要职责。

遗憾的是，有些领导者根本不了解员工情绪低落的原因，想当然地开导员工。例如，当一个员工对工作缺乏信心而精神不振，极力与内心的苦恼斗争的时候，他却说："你得更积极，努力求上进啊！"还有时因不了解员工正为纠缠不清的私人问题而苦恼，就胡乱搬出一大套无关痛痒的鼓励话等等。这能有什么效果呢？

因此，领导者除在工作上要多与员工接触外，还要在生活上多与之接近，注意收集员工的各种资料，然后做到心中有数。一旦见到员工情绪低落，应根据原因对症下药。对那些因超负荷工作而失去信心的人，要为他重新调配工作，使他能够愉快胜任，以此培养他的激情；如果是在个人生活方面遇到了问题，就要想办法帮助他解决生活烦恼。

009

[将员工家庭作为激励的切入点]

日本麦当劳公司在员工生日上很下心思，他们不仅会记住每个员工的生日，而且会记住他们家里人的生日。每一位员工的爱人过生日时，都会收到公司总裁藤田让礼仪小姐从花店送来的鲜花。事实上，这束鲜花的价钱并不昂贵，然而员工爱人的心里却很高兴："连爱人都忘了我的生日，想不到董事长却惦记着送鲜花给我，这真是令人感动。"藤田经常收到类似的感谢函及电话。

日本的麦当劳除了6月底和年底发放奖金外，每年4月会再加发一次奖金。这个月的奖金并不交给员工，而是发给员工的家人。先生们不能经手，员工们把这奖金戏称为"太太奖金"。员工的爱人这时还能收到藤田的一封感谢信："公司今天之所以能够赚钱，都是托诸位家人的福气。"很自然，这令员工家人很感动。

除此之外，日本麦当劳每年都会在大饭店举行一次联欢会，所有已婚从业人员必须带着"另一半"出席。席间，除表彰优秀的员工外,董事长藤田还郑重其事地对员工的"另一半"说:"我希望把你们的爱人培养成为一流的人才,帮助他们实现人生的梦想,从而促进你们家庭和睦,可是我无法更多地、更细致地兼顾他们的健康,因此我把照顾员工们身体健康的重任交给了你们。"大家听后觉得既好笑又感动。

人生最大的两件事就是家庭与事业。工作固然重要,但是家庭对员工来说也是重要的,甚至有时候家庭更能影响到一个人对工作的态度和选择,因此将关爱向员工家属延伸,势必会让员工更加有归属感和荣誉感。

所以,领导者在对员工进行情感激励时,不妨以员工的家庭作为切入点,适当、适时地关心员工的家庭,营造温暖的氛围,真正实现"企业是我家,我是企业人"的企家合一。

为了更好地以员工的家庭作为激励的切入点,领导者需要事先了解一下员工的家庭问题。一般情况下,员工会遇到以下来自家庭的问题:

1. 子女方面的问题

如今的子女是"小皇帝""小公主",他们常常有这样那样的小毛病;有的地方入幼儿园难,甚至入小学也难;淘气、逃学、成绩差,入不了理想学校;"苦读寒窗"十几载之后,要为孩子安排出路;有的从小老是闯祸,不让父母省心,等等。

2. 长辈方面的问题

对夫妻双方的父母亲，因工作繁忙而照顾不周，或他们觉得厚此薄彼而产生不满；老人难免有三病两痛，无法终日尽心服侍左右，等等。

3. 夫妻之间的问题

夫妻是家庭的主体，矛盾自然也多些，比如：对家庭的诸多开支、亲友间的礼尚往来等方面的问题，夫妻间常有意见不一，甚至一方产生不快的情况；夫妻的兴趣、爱好有差异，甚至完全不同；夫妻都属于"事业型"的人，都有远大的抱负，家务方面的事一塌糊涂；一方身体不适，或者重病住院，甚至罹患不治之症，等等。

4. 家庭其他成员的问题

家庭除了夫妻之间的矛盾以外，其他成员之间也常发生矛盾，婆媳矛盾、姑嫂矛盾、父子矛盾、兄妹矛盾等，在家人当中为难，长期受夹板气的心情是相当矛盾的。

以上这些问题常常会给员工带来不小的困扰，或多或少地影响到员工的工作情绪，而这些问题也正是领导者实施情感激励法激励员工的机会。如果领导者能适时地对其家人表示关心，并尽力解除他们的后顾之忧，他们能不心甘情愿地追随吗？

第七章

压力激励：
保持团队的奋斗者状态

压力与动力是并存的，在压力的推动下，人的潜能反而会比正常状态下更容易调动起来。为此，领导者不妨引入竞争机制，给员工施加适当的压力，让他们明白，如果他们不努力工作的话，就有可能被公司淘汰，继而激发出他们的工作热情。

001
[适时引用"鲶鱼"式人物]

西班牙人爱吃沙丁鱼,但沙丁鱼非常娇贵,极不适应离开大海后的环境。渔民们把捕捞上来的沙丁鱼放入鱼槽后,用不了多久沙丁鱼就会死去。死掉的沙丁鱼不仅味道不好,销量也差,倘若抵港时沙丁鱼还活着,卖价就要比死鱼高出若干倍。

为了延长沙丁鱼的活命期,渔民想出了一个法子,将几条沙丁鱼的天敌——鲶鱼放在运输容器里。因为鲶鱼是食肉鱼,放进鱼槽后,鲶鱼便会四处游动寻找小鱼吃。为了躲避天敌的吞食,沙丁鱼自然会加速游动,从而保持旺盛的生命力。如此一来,一条条沙丁鱼就活蹦乱跳地被运回到渔港了。这一现象后来被称为"鲶鱼效应"。

无论是传统型团队还是自我管理型团队,时间久了,内部成员由于互相熟悉,就会缺乏新鲜感,从而产生惰性。尤其是一些老员工,时间长了就容易对工作产生厌倦之情,懒惰,甚至倚老卖老,导致企业慢慢地失去生机。这时候,领导者要想改变现状，可以从外部引进"鲶鱼"，利用"鲶鱼效应"激活员工的积极性，提高工作业绩，增强企业活力。

"鲶鱼效应"是激发员工活力的有效措施之一，主要表现在把那些富有朝气、思维敏捷的年轻生力军引入老团队里。那些故步自封、因循守旧的员工面对可能被淘汰的压力，而想要继续留在团队里面，就不得不再次努力工作，更好地为企业发展服务。

因此，领导者在管理中要懂得不时地利用"鲶鱼效应"，适时地引入一位"鲶鱼式"的人物，建立这样一种良性的竞争机制，让"沙丁鱼们"产生一定的危机感，激发其活力，进而提高整个团队的效率。

有一段时间，日本本田汽车公司的员工士气不振，销售量不断下降，这令总裁本田大为忧愁，他找来了自己的得力助手——副总裁宫泽，询问其有何良策。宫泽给本田讲了沙丁鱼的故事，于是本田决定去找一些外来的"鲶鱼"加入公司。经过周密的计划和努力，他把松和公司销售部副经理，年仅35岁的武太郎挖了过来。

武太郎接任本田公司销售部经理后，凭借自己丰富的市场销售经验、过人的学识以及惊人的毅力和工作热情，受到了销售部全体员工的好评，员工的工作热情被极大地调动起来，活力大为增加，公司的销售额也出现了转机。

本田深为自己有效地利用了"鲶鱼效应"而得意不已，从此本田公司每年都会从外部聘用一些精干利索、思维敏捷的30岁左右的生力军，有时甚至聘请常务董事一级的"大鲶鱼"，这样一来，公司上下的"沙丁鱼"都有了触电式的感觉，工作起来也格外卖力。

引用个人素质高、业务能力强的外来优秀人才，可以促进员工的竞争意识，激发企业内部活力，这是每一位领导者都应该学会的激励方法。

需要注意的是，"鲶鱼"的数量应当加以控制，如果一个企业"鲶鱼"数量过多的话，整个团队就会出现"个个是英雄、整体是狗熊"的现象，因为个个"鲶鱼"都想坚持自己的观点，顺畅的合作和沟通就不存在了，整个团队乌烟瘴气。既然一条"鲶鱼"就能够带动一群"沙丁鱼"翻腾搅动，那么又何必再放第二条呢？

002

[坚持优胜劣汰的用人法则]

在非洲大平原的清晨,狮子和羚羊同时醒来。

狮子想:今天我要飞快地奔跑,一定要追上羚羊。

羚羊想:今天我要飞快地奔跑,一定要快过最快的狮子。

最后,狮子吃掉了跑得最慢的羚羊,自己变得更健壮,养育了自己的下一代。羚羊中的老弱病残被淘汰,整个群体变得更为强壮、机警、有活力。

自然界遵守适者生存、优胜劣汰的法则,在这个竞争日益激烈的社会中,"适者生存"的规律也同样存在。竞争对个人和企业来说的确是惨烈的,但从优化角度来说又是有利的。

为了增强企业的活力与竞争力,在公司内部的用人机制上,领导者需要遵循适者生存、不适者淘汰的职场用人法则,及时地裁减冗员,将那些不能胜任工作的员工调任。这样,一方面减轻了企业的负担,另一方面也使留下来的精英时刻有一种危机感。

百事可乐公司是一个成功运用优胜劣汰用人法则的公司。该公司的产品行销全球，在国际市场上长盛不衰。在该公司主管韦恩·卡洛韦被问及他的公司是如何取得这样的成就时，他肯定地回答：坚持优胜劣汰的用人法则。

卡洛韦对他的大多数员工都了如指掌，他亲自制定各类下属人员的工作能力标准，每年至少和他的下属共同评价他们的工作一次。如果这个下属的工作能力不符合标准，也许会再给他一段时间以观后效；如果已达到标准，就会在第二年习惯性地提高要求。经过评估，公司的工作人员一共被分为四类，采取四种方式对待：第一类，最优秀者将得到晋升；第二类，可以晋升但目前尚不能安排；第三类，需要在现有的岗位上多工作一段时间，或者需要接受专门培训；第四类，最差者将被淘汰。

无独有偶，日本的松下公司每季度都要召开一次各部门经理参加的讨论会，以便了解彼此的经营成果。开会之前，公司领导会把所有部门按照完成任务的情况从高到低分别划分为A、B、C、D四个等级。开会时，由A级部门首先报告，然后依次是B、C、D级报告。这种做法就充分利用了人们的竞争心理，这样一来，所有人都会努力提高业绩，因为谁也不愿意排在最后。

中国家电品牌海尔集团也是一样，他们将优胜劣汰的自然法则作为激励法，而且还直接把企业变成了"赛场"，让每位员工参赛，提出"变相马为赛马"的用人理念。海尔的赛马规则包括三条原则：一是公平竞争，任人唯贤；二是适职适能，人尽其才；三是合理流动，动态管理。对人才的任免考核讲求公平、公正、公开，简称"三公"，决不搞"暗箱操作"。在这里，只要进入公司的员工都可以参赛，所有的人都是选手，所有的岗位都是赛场，人人都能升迁，而且向社会全面开放，不分年龄大小、身份贵贱、资历高低，只要有技能、活力、奉献精神和创新精神，这里就是人才驰骋的赛场。也就是说，只要员工工作绩效突出，又具备相应的素质能力，可以满足胜任较高职位要求，那么员工个人就可以按照规定的步骤得到升迁。

不过，凡事不能走极端，走极端必然走向反面。在企业内部实行优胜劣汰制是以员工竞争为基础，竞争搞过头了，也会走向反面，导致人心惶惶，同事之间关系紧张。因此，领导者在使用前一定要慎而又慎，必要的时候，不妨使用"末位淘汰"制。

"末位淘汰"是指对某一范围内的工作人员实行位次管理，规定其在一定期限内，按特定的标准对该范围内的全部工作人员进行考核并据此排出位次，将位次列在前面的大多数人予以肯定和留任，将居于末位的一个或几个人予以否定和降免职的处理。淘汰末位者不是孤立的，而是保留比被淘汰者合适的、优秀的人员，同时让出位置给新的比被淘汰者合适的、优秀的人员。

当然，末位淘汰的目的并不在于使员工流失，而是给员工施以压力。在末位淘汰的压力下，员工为了免遭淘汰，继续从事原有的工作，得到原有的待遇，就会加倍努力，进而使员工之间形成激烈的竞争气氛。末位淘汰的另一个优点就是可以直接优化队伍，不断地为企业补充新鲜血液，保持活力。

国内就有一家证券公司实行末位淘汰制度，但这项制度仅针对业务人员，且被淘汰人数仅有3~5人，淘汰下来的也不是让其辞职，而是为其调换一个更适合的岗位。这么做所带来的直接效果就是既调动了员工的积极性，又不会给整个企业形象造成负面影响。

不过，领导者在进行末位管理时要注意保证公平性和合理性，否则不仅会失去人才，还会引起其他员工的恐慌，引发一系列负面效应。

总之，市场经济条件下，员工与企业皆是逆水行舟，不进则退。优胜劣汰、适者生存是激发员工竞争意识的一种策略，领导者在实践中必须结合自身的实际情况和管理需求来贯彻这一管理理念，进而使企业永远充满活力。

003

[用"假想敌"激发员工的竞争意识]

某企业总经理赫斯激励下面的员工，用了这种竞争方法。他对一个一向很努力的工人说："米勒，为什么你做事情这样慢？你为什么不能像唐克那样快呢？"反过来，他对唐克这样说："唐克，你为什么不以米勒为榜样，像他那样做事快呢？"

过了不久，赫斯需要两个不同的铸件，便叫米勒和唐克一人负责一件，尽快送到铁道开关及信号制造厂去。他中午下达的命令，下午米勒和唐克便都把这件事办好了，但赫斯并不知情，以为他们明天才能办好。

赫斯问："米勒，你何时去铸呢？"

米勒回答："已经铸了。"

这速度令赫斯有些惊讶："啊，那什么时候可以铸好呢？"

米勒回答："已经铸好了，送到您的办公室了。"

赫斯笑了："很好。"

"不过，"米勒追问道，"听说唐克也已经铸好了铸件，请问他快还是我快？"

赫斯又笑了。

人在潜意识里都希望自己"比别人站得更高"或"比别人更重要",从心理学上来说,这种潜在意识就是自我优越感。即使一个人的竞争意识不强,也会有这种欲望。当这种自我优越感出现了特定的竞争对象时,其超越意识就会更加明显。

一个有上进心的员工最怕的不是对手强大,而是没有对手。没有对手,就容易看不清自己能力上的缺陷,就会失去进取的动力,也就无法激发其最大的潜能。很多员工能力出众,工作表现优秀,却常常抱怨工作没劲,缺乏竞争对手就是原因之一。

所以,领导者要善于利用员工的这种心理,给团队成员设立竞争对象,让员工知道竞争对象的存在和超越对方的重要性,从而激发他们争强好胜的竞争意识,体会到竞争带来的快乐。让员工主动展开竞争,工作效率自然就会提高。

琼斯先生是温哥华一家航运公司的总经理,他提拔了一位有能力、有潜质的人到生产落后的船厂担任厂长。可是,半年过后,这个船厂的生产状况依然不能达到生产指标。为了激励工人们完成任务,他曾用加大奖金力度、优胜劣汰等多种激励方法,但怎么也不见效果。

这一天,琼斯先生站在办公室门前,沉默着。恰逢换班时间，白班工人们已经陆陆续续走出车间，晚班工人们则准备交班。"给我一支粉笔。"琼斯先生说。然后，他问旁边的一个白班工人："你们今天完成了几个生产单位？""6个。"于是，琼斯先生走到车间门前，在大门上写了一个大大的醒目的"6"字，然后一言未发就走开了。

当夜班工人们进到车间看到这个"6"字时，就问白班工人是什么意思。白班工人回答："琼斯先生今天来这里视察，他问我们完成了几个单位的工作量，我们告诉他6个，他就在墙壁上写了这个'6'字。"

次日早晨，琼斯先生又走进了这个车间，夜班工人们已经将"6"字擦掉，换上了一个大大的"7"字。下一班白班工人看到了墙壁上的"7"字时表示："哼，夜班工人比白班工人好，是不是？好，给他们点颜色瞧瞧！"他们全力以赴地工作，下班前留下了一个神气活现的"8"字……就这样，该船厂的生产状况逐渐好起来了。

琼斯先生巧妙地营造了竞争氛围，激发了员工们的斗志，不仅解决了完不成定额任务的难题，还使工人处于自觉自发的竞争工作状态，可谓受益良多。

由此可见，当企业发展不尽如人意，员工士气不振时，假如领导者能够给员工设立一个"假想敌"，设立一个可以竞争的对象，那么就可以有效地激发员工的竞争意识，使他们的能力得到充分发挥，进而帮助企业扭转困境。

不过，培养"假想敌"是一柄双刃剑。如果员工们在竞争中打败对手取得胜利，固然会促使他们产生更高的工作积极性，但是如果怎么追赶都不及"假想敌"，反而会使员工的自信心受挫，导致工作积极性不增反降。

因此，领导者在给某些员工选择"假想敌"时，最好选择比他们成就或能力方面略强一点的人，双方实力不要相差太多，要努力一点就能赶上，这样才能让员工看到进步的希望。能体验到成功的喜悦，他们自然就会在工作中更有干劲。

004

[在团队中营造良性竞争氛围]

A公司为了激发员工的竞争意识，无论是职称的评定、奖金的发放，还是升职名额的选定，都讲究比较原则，即有能力者上、无能力者下。一开始，这种方法收到了预期效果，经理对此挺满意，但是不久各种问题就出现了。

这次，单位有一个提拔干部的指标，几名符合条件的同事都想争这个名额。为了争取到这个升职机会，甲第一时间就跑到经理面前讲同事的坏话："经理，你不知道，乙经常趁你不在时偷懒、开小差。"甲刚走，丙又来了："经理，我觉得甲不应该得到这个名额，她清高孤傲，不适合做干部工作。"丙走了，乙又来了："经理，丙是不是说我坏话了？她这人就是这样，老喜欢打小报告。"

就这样，这几个员工整天都忙着相互拆台，工作不能顺利完成，并且他们之间的矛盾也不断升级，看到对方都恨不得吵上一架。怎么会这样？经理陷入了思考：该不该鼓励竞争呢？

竞争有调动员工积极性的作用，但竞争不当也会产生消极影响，导致员工用互相拆台、尔虞我诈的不正当手段来达到目的，这是非常不利于企业发展的。所以，领导者在利用竞争激励法的同时也要注意关心员工的心理变化，一旦发现问题要及时采取措施防止恶性竞争，积极引导良性竞争。

领导者引导团队成员进行良性竞争可以从以下几个方面做起：

1. 鼓励员工争取团队荣誉

在日常工作中，要让员工明白在提升个人绩效表现的同时，也应该互相帮助，维护团队荣誉。比如，在制定目标时就要包括部门的和个人的，让部门的成绩切实影响到个人的收益，这样才能真正营造团队工作的良性竞争气氛。

2. 关注员工个体的差异

工作需要竞争，但是如果不考虑员工的个体差异，特别是年龄差异，搞一刀切式的开展各种名目的竞争，其结果必然是产生种种矛盾，导致员工热情降低，甚至同事之间人际关系紧张。所以，领导者要关注员工个体的差异，结合员工的实际情况，尤其是现有水平和个性特点，提出适当的竞争要求，而不要过分强调结果。

3. 保证人人机会均等

在企业中，民主的第一层含义就是平等，每一个员工都是平等的。因此，领导者应当为每个员工提供均等的发展机会、选拔机会，如果连起码的公平都无法保证，公正也就无从谈起，竞争也必然会被引到对立面。

4. 灌输正面竞争的意识

领导者要时常提醒员工："可以向竞争对手正面挑战，但不要把对方视为仇敌。"对有恶性竞争行为的员工要进行批评教育，要在企业里弘扬正气，倡导良性的、公平合理的竞争，引导员工要把竞争对手的存在当作是促进自己努力工作的动力，同一企业内部的竞争对手更应当协调一致，共同进步。

竞争是企业进步的动力，但是单纯的竞争、没有合作的恶性竞争却是无力的，这一点领导者切不可轻视，要及时适当地引导员工，使竞争意识与合作精神相统一，竞争中有合作，合作中有竞争，如此才能将竞争机制的激励功效发挥到极致，才能真正调动员工的工作积极性，推动企业的进步与发展。

005

[让员工始终保有危机意识]

20世纪60年代,佳能公司采取多种经营方式打入计算器市场,公司研制出的键盘式计算器试销后获得成功,这使得员工们大松了一口气,甚至觉得高枕无忧了。但好景不长,佳能在与"卡西欧"推出的小型计算器的竞争中连连失利,于是公司又研制出新型计算器再次上市,但由于研制仓促,产品缺乏合理性,结果销路不畅,此时又正值第一次石油危机爆发,佳能出现巨额赤字,濒临倒闭。

挽救败局成为此时最为紧要的事,董事会最终决定,把企业遭遇的危机告诉全体员工,让他们知道企业处于危险的境地,唤起他们的危机感,振奋员工的士气以背水一战。于是,公司向全体员工发出危机警告。那些身心放松的人都重新变得紧张起来,员工小组加强活动,新建议、新方案层出不穷。如何挽救佳能成为员工日常议论的话题,员工们充分发挥自己的主动性和积极性,使佳能很快就走出了困境。

危机虽然可怕，却是让员工展现自我、激发潜能的有效武器。商场上可以有积极进取的常胜将军，却不可以有故步自封、恃才傲物的常胜将军。面对当今激烈的市场竞争，面对残酷的淘汰机制，任何一位企业领导者和员工都应该具有忧患意识。

有这样一个著名的生物实验：把一只青蛙放到盛满开水的大锅里，这只青蛙一被放入水中便立刻感觉到环境的变化而迅速挣扎、蹦跳出来，虽受轻伤却避免了被煮死的命运。接下来，他们又把另一只青蛙放到盛满冷水的大锅里，然后用小火慢慢加热，青蛙没有感到温度在逐渐地变化，一直在水中欢快地游动。随着水温的逐渐增高，青蛙的游动渐趋缓慢，等到水沸腾时，青蛙也已变得非常虚弱且无力挣扎，最终死去。

这个实验警示人们，太舒适的环境往往隐藏着危险，只有时刻保持危机意识，觉察到小趋势的改变，才能及时做出反应，不会导致失败。

人是有一定惰性的，长时间处于安逸的工作环境中，斗志就会被逐渐消磨，不自觉地放松对自己和外界基本的警醒。当员工对企业内外的变化无动于衷时，这个企业也就同步衰败了。因此，当下属过于安逸而看不到外界激烈的竞争逐渐变成"温水青蛙"时，领导者有必要给员工制造一种危机感，以增强他们对外界环境的敏锐性和应变力，重新唤起企业活力。

日本日立公司成立于1910年，是日本最大的综合性电气公司，也是世界十大电气公司之一，在全世界拥有约8万人的员工。

在公司成立后的前几十年里，日立始终是顺风顺水、稳步发展。但是，在公司一片欣欣向荣的景象中，公司的高层领导们却意识到，如果一家公司长期在顺利中行进，那么公司的员工就会不可避免地产生可怕的惰性，进取心也会日渐衰退。为了避免这种颓势，日立公司把危机管理提上了日程。

1974年下半年，日立公司宣布所属工厂的2/3员工，共67.5万名工人，暂时离厂回家待命一个月。在这个月中，公司发给每个员工原工资的80%作为生活费。1975年，日立公司又突然通知，公司并不准备全力生产，新录用的100名员工上班日期推迟20天，促使新员工一进入公司便产生了一种危机感，同时也让其他老员工加深了忧患意识。

日立公司采取了上述一系列管理措施之后，全公司员工都开始更加努力地工作。就这样，因为忧患意识的诱发，全体员工共同努力，公司再次取得了十分令人满意的业绩。仅仅半年的时间，它的结算利润便翻了一番，达到了300多亿日元。

身处逆境，危机迫在眉睫，自然谁都会有危机感。然而，真正的危机感强调的其实是一种心理状态，其真实存在不一定是在事实的逆境中。聪明的领导者要使员工在顺境下也要拥有忧患意识，始终坚持不懈地努力，居安思危，才能有备无患。

总之，在企业发展过程中，领导者如果能从改变员工的惰性这个角度入手，适时地制造一些危机，利用危机去激励员工参与外部竞争，这对员工和企业来说，都不失为一件好事。

006

[明确责任主体，避免敷衍推诿]

英国大都会总裁谢巴尔德在位时有一句名言："要么奉献，要么滚蛋。"他强调："在其位，谋其政，不要找任何借口说自己不能够，办不到。"他要求他的下属在他面前不能因为干不好工作而找理由推脱责任。

一次，一个员工为了一件极难办的事找谢巴尔德，说自己已经尽力了，并说出许多客观理由，最后说无论怎样，这件事自己都"办不到"。谢巴尔德听后坚决地说道："够了，够了，现在我需要的不是这些好理由，而是要你仍旧照我的命令去做，否则，你就别做这个部门的经理。"谢巴尔德是要让下属明白，人可以犯错，但是对于自己应该承担的责任，不能随便找个理由就推脱。

在日常工作中，每个员工都难免出现失误，但是当问题发生后，有些员工只知道一味地怪罪别人，为自己辩解，并且说得振振有词，头头是道——"别人不采纳我的意见。""我是按照公司的要求做的。"……把责任推个一干二净。

对待这样的员工，领导者该怎么办呢？原谅他吗？

其实，这个问题看似小实则大。责任，是应尽的职责。如果对责任一味推诿，那么就会出现这样一种局面：员工只要工作出现问题就努力寻找借口，工作消极被动。更糟糕的是，推卸责任的行为就像瘟疫一样是会传染的，在一个公司里，如果你不承担责任，我不承担责任，相互推诿和懈怠，那么公司必将难以发展。

一位成功的企业家曾经遭遇过一段事业低谷，问及他如何"咸鱼大翻身"时，他说："当我们的公司遭遇到前所未有的危机时，我知道必须依靠自己的智慧和勇气去战胜它，因为在我的身后还有那么多人，公司可能会因为我的胆怯从此倒下。所以，我决不能倒下，这是我的责任，我必须坚强、更坚强！"

西点军校有一句名言："没有责任感的军官不是合格的军官，没有责任感的员工不是优秀的员工，没有责任感的公民不是好公民。"由此可见，责任是一种担当，是一种付出，是应当承担的任务。责任虽然是一种压力，但它绝对不是一种负担，相反它是一种动力，它会促使人完成应当完成的使命，做好工作。

一个能够勇于承担责任的员工，对于企业有着重要的意义。对此，亚伯拉罕·林肯说："逃避责任，难辞其咎。"在美国卡托尔公司的新员工录用通知单上印有这样一句话："最优秀的员工是像恺撒一样拒绝任何借口的英雄！"因此，领导者要学会强化员工的责任感，不能给员工推卸责任寻找借口的机会。

那么，如何培养员工的责任感呢？

雅芳公司负责组织绩效的副总裁波拉·西姆塞这样说："要让工作真正发挥激励作用，个人必须了解自己在全局当中的位置，清楚自己的责任边界和工作角色。"

海尔电冰箱厂的材料库是一个五层的大楼，这五层楼一共有2945块玻璃，凡是去过的人都会发现，这2945块玻璃每一块上都贴着一张小条！每个小条上印着两个编码，第一个编码代表负责擦这块玻璃的责任人，第二个编码是负责检查这块玻璃的人。

这是做什么呢？原来，这是海尔职责分明、责任到位的一种做法。擦玻璃、检查玻璃人员的名字都印在玻璃上，清清楚楚、一目了然地明确了两个责任人。一旦出现问题，谁也赖不掉责任。

在海尔，小到一块玻璃，大到机器设备，都清楚标明事件的责任人与事件检查的监督人，有详细的工作内容及考核标准。其中，海尔冰箱的生产过程总共有156道工序，海尔精细到把156道工序分为545项责任，然后把这545项责任落实到每个人的身上，如此形成了环环相扣的责任链。

"人人都管事，事事有人管"，海尔严格的"责任到人"的制度使每一个参与工作的个人和组织丝毫不敢懈怠，尽职尽责地努力工作。正因为如此，海尔成为了高质量的"代言人"、中国企业的榜样。

每名员工，无论职务高低，工作量多少，都对企业负有不可推卸的责任。在实际工作中，领导者不妨与员工签好责任状，也就是事先明确每个人的责任，将责任真正落实到个人头上，让员工清晰地认识到责任是自己必须承担的，是不可推卸的，以此鞭策员工尽职尽责，而这也是防止员工在工作中互相推脱责任的好方法。

第八章

参与激励：
每个人都是团队的主人

激发员工主观能动性的前提，是每一位员工对自己的工作都要有主人翁意识，这需要领导者通过规范系统的方法，给员工一种当家作主的感觉，使员工感到自己是被需要、被关注的。只有在这种环境中，员工才能真正变得自信和自强，进而有所创造和作为。

001

[培养员工的主人翁精神]

在一个良辰吉日，一对新人成亲了。新郎带着新娘走进自己家的院子，新娘忽然看见墙角里有一只老鼠，便用半开玩笑的口吻对新郎说："你们家挺富裕的嘛，居然还有老鼠。"新郎只是笑笑没有说话。

拜堂之后就是洞房花烛，结果新郎睡到半夜忽然听见屋子里响起乒乒乓乓的声音，他起床一看，新娘正一手拿着油灯，一手拿着扫帚打老鼠呢！新娘一边打，一边嘴里还念念有词："打死你！打死你！叫你偷我们家粮食！"

新娘在过门之前对于这个家没有丝毫的主人翁心态，于是对新郎说那是"你们家"；拜堂成亲之后，新娘觉得自己已经是这个家庭的一员了，于是她才会半夜起来打那只偷了"我们家"粮食的老鼠。"你们家"和"我们家"，一字之差，心态却千差万别。

在工作中，许多员工也是如此，对公司没有归属感，对工作总是漫不经心，敷衍了事，抱着做一天和尚撞一天钟的消极心态。从某种意义上说，它淡化了人的责任意识，限制了人的创新思维，束缚了员工自身的发展，进而影响到企业的生存和发展。

因此，领导者要注意培养员工的主人翁精神，只有员工意识到自己是公司的主人，把公司的事当成自己的事，他们的积极性、主动性、创造性才能充分地发挥出来。

那么，领导者如何培养员工的主人翁精神呢？

1. 树立"企业即家"的理念

在企业中，要使每个员工树立"企业即家"的基本理念，所有员工包括总裁在内，都是企业这个大家庭的一员。所有人都要一视同仁，在晋升制度、工资制度、奖金制度、工作时间上都应公平公正，都有参与管理、参与决策的权利。

2. 重视对员工的"感情投资"

领导者要特别重视对员工的"感情投资"，要关心员工的工作和生活。企业可以经常组织运动会、联欢会和外出旅行等活动，还可邀请员工家属参加。通过这种充满温情、激情和创意性的活动，员工感受到来自企业的关爱和温暖，从而以感恩之心回报企业。

3. 培养员工的爱岗敬业精神

在市场经济条件下，员工的命运和企业的兴衰是紧密联系在一起的。因此，企业应重视培养员工的爱岗敬业精神。员工有了爱岗敬业的精神，就会牢固树立"厂兴我荣，厂衰我耻"

的理念，并顾全大局，自觉地与企业同呼吸，共命运，荣辱与共，真正从内心里关心企业的成长和发展，尽最大努力做好本职工作，并积极为企业的发展献计献策，从而推动企业不断创新和发展。

4.培养员工的团结协作精神

俗话说，人心齐，泰山移，团结就是力量。领导者还要注意培养员工的团结协作精神。在企业内部营造一种开放坦诚的沟通气氛，使员工之间不仅能够充分交换意见，还能倾听和接受其他员工的意见，进而在员工之间、员工和企业之间产生一体感，全体上下，同心同德，齐心协力，为企业发展共同奋斗。

002

[确保员工享有足够的知情权]

一位经理向一名员工表示不满："你怎么还是把精力集中在服装产品上了，为什么不在鞋类产品上下功夫？半年前我就已经决定将公司业务重点转入鞋类产品市场。你怎么这么糊涂啊？"

员工回答道："我确实没有在鞋类产品上下功夫，我之所以把精力集中在服装产品上，是因为我确实不知道公司准备大规模进军鞋类市场，这事你从没有明确地和我说过。早知道你的想法，我自然不会这样做。"

许多领导者认为，员工只要按照规定做好被安排的工作就好，没有必要知道战略决策的细节。殊不知，员工不了解实际情况，当然也就不能完全领会领导者的意图，执行时也就容易跟领导者的意图相违背。

所以，要提升员工的执行力，领导者需要赋予员工知情权，向员工说明公司及项目的实际情况。

在日本松下公司，松下幸之助懂得赋予员工知情权的重要性，推出了"透明式经营法"，成功地实现了与员工之间的良好互动，对员工起到了很好的激励效果。

在公司成立初期，松下幸之助就对公司的七八名员工说自己每个月都会将公司结算、盈亏情况进行公布。刚开始，员工都半信半疑，因为当时没有领导这么做，何况大多数领导甚至都不清楚自己到底做了多少生意。对于他的这种说法，多数人认为不过是做做样子罢了。

不久后，员工就发现事实并非想象的那样。松下的态度是真诚的，在薪酬发放日，公司会利用公开栏公开业绩完成情况、员工考勤、奖金考核，并对奖罚依据进行说明。而且，公司每月的财务信息，如施工作业明细账、生产要素挖潜账、成本增收节支账、电费、材料费、运费、维修费等也会及时向员工公布。这种做法让员工非常兴奋，因为他们每个月都能看到通过努力所获取的成果，进而产生一种共识：下个月一定要加倍努力，取得更好的结果。

在松下电器业务扩大、设立分厂后，毅然延续了这种政策，分厂负责人每月向松下报告盈亏时，也会同样向员工公开。后来，这种做法被命名为"透明式经营法"，松下幸之助解释道："对员工坦白，就是对他们最好的激励，这有利于劳资双方建立起一种更信任、和谐的关系。"

所谓知情权，就是知悉、获取信息的自由和权利。那么，员工的"知情权"具体包括哪些呢？我国《劳动合同法》规定，"知情权"是指企业应当如实告知员工其工作内容、工作条件、工作地点、职业危害、安全生产状况、劳动报酬，以及劳动者要求了解的其他情况。

一般来说，领导者应该向员工们提供与他们有关的各个经营领域的信息，要注意传达公司领导的意图，有时甚至可以传达一些管理和财务方面的情况。有了这些信息，员工们就会及时做出相应的决策，进而保证自己的行为符合公司的标准，工作积极性会更高。

比如，如果员工知道自己每个月的销售预测都将成为决定各条产品线产量的直接依据的话，他会更加谨慎，以便准确及时地做出预测；当员工意识到由于自己认为某个产品没有销路从而削减了该产品的产量，导致公司因开工不足，未能向顾客及时供货时，就会在预测时更加谨慎。

另外，在经营过程中，企业难免会出现一些困难，传统观念认为，领导者要有意识地对员工隐瞒实情，但是，新时期的公司和领导者要转变思路，可以根据实际情况，把危机告诉员工，让员工知道企业所面临的问题，避免员工猜忌，以使公司内部的摩擦降到最低程度。

总之，作为企业领导者，一定要清楚这一点：不管企业的状况是好还是坏，员工都有知情的权利。当员工们彻底地了解公司的诸多事项后，他们也就知道了自己在实现这些目标的过程中所起的作用了。

003

[不必事必躬亲，将权力下放]

作为公司的经理兼设计师，安德鲁是一个疲于奔命的工作狂，密密麻麻的日程塞满了他生活的每一分钟。每天，他把大量的时间用在设计上，除此之外，他还负责公司很多方面的事务。他风尘仆仆地从一个地方赶到另一个地方,每一件工作都要亲自参与了才放心,所以他看起来忙碌极了。

"为什么你整天忙得晕头转向?"有人问。

安德鲁无奈地说:"因为我管的事情太多了,而我的时间又太少了!"

时间长了,安德鲁的设计受到了很大影响,常常到最后关头才拿出作品,并且因为时间紧凑,作品的质量常常不尽如人意。

我们常常能看到一些领导者整天忙得不可开交,像是陷入了忙碌的旋涡。仔细分析,有些事忙得合理得法,有些事忙得并不得法,不见成效。究其原因,不懂授权是首要问题。

一个人的时间、知识和精力都是有限的。作为领导者,即使你有再多的精力和才干,也不可能把公司所有的职权都兼顾,这样做只会导致个人负担过重。而职员却无所事事,陷入事事都请示的苦恼境地,这也是领导者的一种失职。也许领导者是出于好意,但是员工可能不会领情,更有甚者会觉得这是对他们的不信任,至少他们会觉得领导者的管理方法存在很大问题。

诸葛亮在辅佐刘备的20多年里,鞠躬尽瘁、事必躬亲,将行政与军事大权集于一身,特别是在刘备去世后更是如此。结果,他虽有面面俱到之心,却分身乏术,累垮自己不说,部属的潜能也没有发挥出来。最终诸葛亮"出师未捷身先死"，遗憾地离开了人间。而诸葛亮死后不久，蜀国便被魏国所灭。

其实，明智的领导者是既要自己全力做事，也要把工作托付给员工去做，要下放一些权力，让员工自己做一些决定，或是给员工一些机会来努力尝试像自己一样做事。如果真正做到这一点，领导者就会发现，员工的积极性不仅更高了，而且自己的管理工作也变得更高效。

奇美实业是全球著名的亚克力板生产商，企业规模不大，但生产力却是行业翘楚。很多企业家纷纷向董事长请教管理方案，董事长给出的答案是——不必事事过问。

虽然董事长是公司的一级头衔，但他却是一个地地道道的"闲人"，令人大跌眼镜的是他连一间专门的办公室也没有。据董事长的下属说："对于企业内大大小小的事情，董事长从不做任何书面指令，即使偶尔和我们开会，也只是聊聊天、谈谈家常而已。"同时，董事长也承认说："因为没有办公室，我只好经常开车到处去钓鱼。很多时候，我根本不知道自己的图章放在哪里。"

有一次，突然下起了大雨，董事长想去公司看一看。当员工们看到他时，很惊讶地问："董事长，公司没有事情，你来干什么？"董事长想了想说："对呀，没有事我来干什么？"于是，他又开车出去了。

董事长的"不必事事过问",让每一个员工感觉到了一种宽松的工作氛围。正是由于这样的宽松,每个员工都愿意为公司尽忠尽职。

领导者不必事事过问,该放手的就要放手。运用权力,但不必掌握一切;负起责任,但并不以盯人的方式来管理员工。这不但是领导者的自我松绑,更是激励员工的手段。

员工最喜欢在赋能授权的公司工作。手中有了权力,才有了自主的动力。领导者懂得授权,要比加薪更能激发员工工作的主动性和积极性。

有些领导者不喜欢把重要的事务交给下属是担心出差错。这种担忧有必要,但是可以避免。惠普公司负责桌面电脑的美国市场经理马克·博格说:"授权意味着不必由管理人员做每一项决策,而是可以让基层员工做出正确的决定,不过管理人员也要在当中担当一定的支持和指导角色。"也就是说,领导者授权并不是完全失去控制力。在授权初期,领导者要着重跟踪指导,当员工完全可以独立作业时,再交付全权。

只要能够分工明确、权责一致,与下属保持顺畅沟通,积极协调出现的问题,提前对可能出现的错误采取应对措施,授权就会带来良好的效果。

004

[给予员工自主行事的权利]

在位于新泽西州的福特汽车公司装备厂的大型车间里，每个人都被赋予了停止生产线的权力——过去，只有车间主任才有这样的权力。被赋予了停产决定权的工人的确行使了自己的权力——他们让车间停产了。

每天200～300秒的停产时间几乎对整个生产效率没有什么影响，但有数据表明，该措施实施的第一个月，汽车的残次品率就从17.1%下降到了0.8%，返工率也下降了97%，工会受理的工人抱怨事件也从平均每个月200多件下降到了不到12件。而且，工人的语言和态度也发生了变化。

一位老员工这样评价这一措施："像有人为我们打开了窗户，使我们可以自由地呼吸了。"一线工人们也说："领导者不再是管家了，我们可以自己决定自己的工作，这是令人激动的。"

员工也有自主行事的期望，他们不愿意盲目顺从，也不喜欢别人把一切都安排得妥妥当当，他们喜欢自己寻求适合的工作方式，在这个过程中实现自己的价值。因此，领导者应该给予员工充分的空间，而不是过多的束缚，这能够极大地激发员工投入工作的热情。

事实上，即使是用同一种方法去做同一件事情，照着别人的指示去做和自己主动想方设法去做，感受也是大不相同的。完全照着上司的指令去做，员工是不太容易有主动性的；相反，若是自愿自觉地做，那么员工不仅会表现出极其浓厚的兴趣，还会处在一种自我实现的精神状态中。可见，在员工职权范围内，让其各司其职，有利于牢固树立员工的主人翁意识，强化责任感。

除此之外，自主对员工个人的积极影响还包括更高的工作满意度，更积极的创新意识等。有些员工甚至把工作自主提升到影响职业生涯规划的一个重要因素，他们更愿意选择能够自主行事的工作岗位。

美国作家吉姆·柯林斯在《从优秀到卓越》里写道："卓越的公司设立了一系列的规章制度，你要相信这套制度并使之奏效的领导者和员工。但在制度规定的范围内，他们也给予员工制度框架下的自由和责任，每个人都可以有自己的想法，并与他们的责任一致起来，这就实现了从平庸到优秀，从优秀到卓越。"

同时，美国学者克雷纳和金尼珂在2001年对一家拥有459名员工的玻璃工厂进行研究——通过再设计工作环境提高职员的自主性，18个月后测量结果分析发现，工作环境变化后员工不仅工作满意度增加了，而且能够主动地去执行更多的任务，这项结果表明，增加员工工作自主权能够作为一项有效激励的策略。

真正的尊重，是能晚点上班，拥有良好的福利？是一个咖啡角，一场生日聚会？还是和你说话的老板平易近人？惠普公司当然都能做到这些，但"尊重"在惠普这里又多了另外一个解释——自由，有迹可循的自由。

惠普前首席执行官卡莉·菲奥莉娜曾这样说过："我个人要做很多决定，并且要批准他人的很多决定。实际上只有40%的决定是我真正认同的，余下的60%是我有所保留的，员工可以自己决定怎么做。我们实施部门员工每天做项目、开会、培训或者讨论的时间，都须由自己通过流程系统的下拉菜单进行选择记录。"

在这种观念下，员工有自由在系统里选择适合自己的时间和内容，并且可以按照实际情况的需要组合自己的时间，卡莉·菲奥莉娜从不质疑员工在系统里面填的加班时间，当然，员工都会自觉按照实际加班时间在系统里面记录，没有人会把自己的加班时间故意填得长一点来多领取加班费。

只要负责人把任务布置下去，至于员工怎么做、什么时间

做，是员工的自由——这就是卡莉·菲奥莉娜的领导风格。显然，这是对员工极大的尊重。无疑，这将使员工产生一种"我是主人"的自豪感和骄傲感，进而更能精神饱满、全力以赴地完成工作，为企业贡献自己的忠诚和能量。

领导者再也不是传统的指令人，而是承担了公司政策推广者的角色。把与工作直接相关的决策和信息下放给员工，使员工可以自主安排，给予员工弹性的工作计划和自我管理，这应该成为一种世界性共同管理趋势。

005

[让员工参与企业决策与管理]

在20世纪70年代初，美国通用食品公司便在一家分厂实行了自我管理制度，即将企业管理部门减少到最低限度，把一向属于经理部门的许多特权移交给员工，让员工自己管理，而且是一种全员参与的管理方式，主要方式有三种：

第一种，自我管理小组。这种小组的人数为3~15人不等。它根据企业有关部门规定的生产指标制定小组的生产指标，员工进行自我控制，自主决定完成任务的方式，达到目标后由企业给予相应的奖励。

第二种，质量管理小组。它通常由6～8名生产人员或管理人员自愿组成。这种小组只在车间一级开展活动，每周开一次会议，专门研究和解决工作中遇到的实际问题。这种小组的权力是有限的，一般要先向企业管理部门提出建议，经批准后方可施行。1976年，美国只有10家公司建有质量管理小组，到1981年，建有质量管理小组的企业已发展到2500多家。

第三种，劳动生产质量小组。这种小组的组织形式和活动方式与质量管理小组几乎相同，也采取自愿参加的原则，由6～8人组成。这种小组一般是在技术顾问的帮助下，首先提出问题，然后寻找解决问题的方案，方案制定后须经企业管理部门审批后方可付诸实施。但其活动内容更为丰富，包括工人劳动过程中所感受到的精神上的满足。

通过全员参与的管理方式，这一分厂在短短一年内就大大地提高了经济效益。

现如今，员工愈发不满领导采取包办一切的管理模式，他们也期望参与到管理中。所谓的参与管理，就是指在不同程度上让员工参加企业的决策过程及各级管理工作，让员工与企业的高层领导者处于平等的地位，研究和讨论组织中的重大问题。很明显，这是一个交流合作的过程，兼顾了个人发展和企业发展的双重需要。

让员工参与管理可以使员工感受到一种"我不只是一个执行者，更是一个决策者"的成就感，由此感到自己的利益与企业发展密切相关，从而产生强烈的责任感，把企业的事业当作自己的事业。

此外，员工参与管理往往会提高员工的工作效率。根据日本公司和美国公司的统计，员工参与管理可以大大提高经济效益，一般都可以提高50%以上，有的甚至可以提高一倍至几倍。让员工参与管理可提高执行力，这也早已被很多实验所证实了。管理学家马洛就曾在哈乌德公司进行过一个这样的实验：

将所有被试验者分为两组，一个是非参与组，只告知工作内容要改变以及安排新的工作内容，结果产量下降了35%，9%的工人离岗，其他人都抱怨工资太低了，6个月后无好转。另一组是参与组，不仅告知工作内容要改变，还让员工参与讨论为什么要改革，如何进行改革，并且在实际工作中应该如何保证改革正常进行，结果第二天产量就恢复到以前的水平，3个星期后产量比改革前提高了14%，无人离岗。实验继续进行。将第一组解散，两个月后再将其中很多人以参与方式组织起来，1个星期内超过改革前的水平。

通用汽车子公司精密铸模公司的过去许多管理制度都是在权威式的管理方式下制定的，员工没有参与制定公司规章制定的权利，只有严格执行规章制度的义务。这样的管理模式使得员工的流动率很高，正式或非正式的罢工事件时有发生，缺勤率高达7%，产品退货率为3.9%，公司一度处于破产边缘。

在这种紧急情况下，精密铸模公司接受了通用汽车公司总部的建议，设法改革原有的管理制度。领导层经过反复讨论和论证，确定了"通过员工参与管理来改进工作"的原则。制定企业的工作时间、劳动报酬，以及劳动报酬的整个工资架构时，领导层必须要邀请一些员工代表参与进来，平等协商，最后还要经职工代表大会或者全体职工讨论，讨论获得通过后才算生效。

一家精密铸模公司的员工说："公司给予我最大激励的一件事情是被邀请参加规章制度的制定，这使我有一种被尊重的感觉，体验到自己的利益与组织的发展密切相关而产生强烈的责任感。"确实如此，实施员工参与制定公司规章制度后，精密铸模公司的状况发生了重大变化，员工感到自己的想法和观点也开始备受重视了，智慧的火花不断地迸发，从而大大提高了工作热情，带来了明显的工作效益。

随着受教育水平的不断提高，员工解决问题的能力逐步提高，他们不但渴望参与到与工作相关的决策中，而且还会非常关注领导者是否为他们创造参与条件，让其在与自己密切相关的事务上拥有一定的管理权。让员工参与企业管理，是现代管理学所支持的，也是员工的激励理念所提倡的。

让员工参与管理，其实是对员工的信任，真正视他们为企业的主人。这能使员工在某种程度上满足自我实现的需要，感觉到企业的事情和自己息息相关，进而有理由更积极地参与工作，能通情达理地处理与领导者之间的矛盾，从而消除了妨碍生产效率提高的因素。让员工参与管理，使他们切实地领会企业的行动纲领、基本途径和实施方式，更有利于决策的贯彻实施，使企业和员工实现双赢，这种方法非常值得采纳。

006

[必须听取不同的声音]

当年，锐步公司研制出极受市场欢迎的气垫鞋，在女鞋市场上超过耐克公司，暂时一统天下。按说锐步公司完全可以巩固自己在女鞋市场的霸主地位，与耐克公司在体育用品市场上平分秋色。然而，锐步公司的董事长法尔曼却错误地估计了形势，实行了独断决策，要与耐克公司争夺体育用品和男子运动鞋市场。

这时，很多部门经理勇敢地提出意见：凭锐步公司当时的知名度和实力还无法在男子运动鞋市场与耐克抗衡，而且在新产品的设计和开发方面耐克终归略胜一筹，因此此举毫无意义。但是，法尔曼根本听不进去这些意见，他固执己见，不肯改变最初的决定。

后来，耐克公司潜心研究多年的可视气囊运动鞋终于问世了，尽管这种鞋定价很高，但恰恰迎合了人们内心对高品质运动鞋的需求，所以刚一投放市场就迅速火爆起来。相比之下，尽管锐步的产品价位比耐克低好几十美元，却备受冷落。没多久，耐克公司已抢占了锐步公司的大部分市场。更令法尔曼痛苦的是，公司一半以上的设计人员、部分销售人员和开发经理，因不堪忍受其专横做法，相继离开了锐步公司。

从上述案例中，我们可以看到，如果领导者独断专行，忽视员工的意见，甚至杜绝、敌视员工的私下意见，使员工在心里质疑领导者的能力，也就无法左右他们的人心向背，很有可能使企业陷于四面楚歌的困境。

有的领导者不喜欢听到来自下属的不同意见，就更不用说反对意见。分析其原因，首先是怕受到各种不同意见的干扰，使自己犹豫不决，无法作出决策；其次则是担心下属提意见时没有考虑后果，毕竟为决策的后果承担责任的是自己而不是下属和专家。

但实际上，当谈及公司或部门的日常运营时，有谁能比职员更加了解什么是行之有效的好方法呢？有谁能比日复一日、周复一周、月复一月地从事该工作的员工更能提供程序、政策或者运营方面变化的有效信息呢？

在历史上，能主动意识到这一点的领导者，唐太宗李世民算是其中一个。他身居高位，也不忘虚心纳谏，平日积极听取群臣的意见，不断体察民情、了解民意，以防措施失当激起民变。他总结成一句话——"君，舟也；民，水也；水能载舟，亦能覆舟。"对待臣下百姓做到了"收放自如"。唐朝也因此成为当时的强国，开创了"贞观之治"的传奇盛世。

企业家艾尔弗雷德·斯隆认为，决策的第一条规则就是：必须听取不同的意见。在一次高级管理委员会的会议上，他说："各位先生，据我所知，大家对这项决策的想法完全一致。"与会者纷纷点头表示同意。"但是，我建议把对此项决策的进一步讨论推迟到下一次会议再进行。在这期间，我们可以充分考虑一下不同的意见，只有这样，才能帮助我们加深对此决策的理解。"

阿里森是美国一家建筑设计公司的董事长，他经常这样说："如果你想在建筑界获得成功，你必须把指头放在员工的脉搏上，同时把两只耳朵张开，仔细聆听大家的意见才行。因为真正设计楼宇的不是我，而是我的员工，我只是仔细倾听员工的意见而已。大家提议如何设计最完美，我只是在一旁肯定。这样不仅可以快速地完成自己的使命，更重要的是激活了员工。"

作为领导者，在对待下属的意见时，唐太宗、艾尔弗雷德·斯隆和阿里森无疑是成功的，他们知道正确的决策必须建立在充分讨论了各种不同意见的基础上，他们通过虚心纳谏来指导自己的决策思路，校正自己的决策措施，做到了有的放矢，提高了管理效率。

1988年，通用电气公司总裁杰克·韦尔奇在一架直升机上产生了一个想法——群策群力。1989年1月，在佛罗里达举行一年一度的碰头会时，韦尔奇向到会的500名高级经理宣布了这一计划，即实行"群策群力"的管理方式，聘请高级顾问和商学院的教授协助实施，而且强制执行。

"群策群力"这一管理方式的基本含义是，举行各阶层职员参加的讨论会。在会上，与会者做三件事：动脑筋想办法；取消各自岗位上多余的环节或程序；共同作出决策，解决出现的问题。先期的"群策群力"讨论会主要是建立信任，最基本的模式是大家七嘴八舌发表建议，后来逐渐上升为一种理念。

这种管理方式始于1989年3月，一时间，像爆米花一样在通用电气的许多部门得到贯彻。讨论会都遵循同一模式，员工们称之为"城镇会议"。由执行部门从不同阶层、不同岗位抽出40~100人到会议中心或某一宾馆参加会议，会议为期三天，先由上司简要提出议程安排，主要内容有减少不必要的会议、形式、请示等工作，然后上司离开，在一名外聘助手的协助下，与会者分成五六个小组，分别解决某个议题。小组讨论为期一天半，主要列举弊端，讨论解决方案，为第三天的议程草拟报告。

会议的第三天尤为重要，它赋予"群策群力"这一管理模式以特殊的生命力。对前面议题一无所知的上司回到会场，在前排就座，而且常有资深的头面人物来旁听。小组代言人逐一汇报，提出小组的建议和主张。按规定，这位上司可做出三种答复：一是当场拍板；二是否决；三是要求提供更多的情况，但须在固定日期内答复该小组。

有的领导者认为，决定目标、方针、方向仅仅是领导的事，没有必要让员工知道，员工只要保证准确无误地服从和执行就可以了。实际上，这是一种错误的看法，这样的制度只会使企业管理走向极端，要么太过于呆板，要么就是太趋于理想化，非常不利于调动员工的主动性和积极性，导致企业失去活力。

在生活和工作中，我们都曾有过这样的体会：当独自研究一个问题时，可能思考了五次，还是同一个思考模式；拿到集体中去研究，从他人的发言中，也许一次就可以完成自己五次才完成的思考，并且他人的想法还会使自己产生新的联想。这就是群策群力带来的智慧。无论领导者如何聪慧，其个人才智和群体相比总是十分有限的。给员工献计献策的机会，有利于激发领导者创造性思维的火花，从而提出有创造性和有价值的建议。

管理学家杜拉克在《有效的管理者》一书中说过："想象力就像水一样，必须打开'水龙头'才会流出来。而激发争辩的'反面意见'，正是想象力水管的水龙头。"有了反面意见，就可以激起相互辩驳，相互诘难，从而相互启发，相互提高，对问题的认识将会更加全面深刻，原有的意见（方案、计划等）将得到完善和修正，有时甚至为新的更好的意见所代替。

为了鼓励员工发表自己的意见，领导者可以采用以下两种方法：

第一，领导者少用肯定句，而多用一些"对此，你有什么想法呢？""你看，这样会不会好一些"之类的疑问句。不要让员工觉得领导者已经成竹在胸，有些话说出来只不过是走个形式而已，这样的话，员工只会敷衍了事，激励的功效就无从发挥了。

第二，适当地挑选一些自己的薄弱环节暴露给员工看，把自己设想过程中所遇到的难点告诉员工："我想不出更好的办法，你呢？""这是一个大难题啊，咱们怎么办才好？"……这样能引导员工主动补充，从而就能集合更多的信息用于决策的制定。

总之，领导者想用参与式激励的方法调动员工的积极性，就必须借鉴历史上的君王纳谏之道，通过各种方式收集员工的意见，包括反对的意见，对这些意见必须加以重视，补充到自己的日常管理中去，有则改之，无则加勉，这样才能使得自己的管理水平得到有效的提升。

第九章

愿景激励：
希望是努力向前的力量

没有人不看重自己的未来，当下属发现领导者时刻都在为他的前途和未来着想时，就会加倍努力地工作；也只有让员工得到一种更好的发展空间，才能更好地维护团队的稳定性与战斗力，在一定程度上延长团队的寿命。

001
[为员工提供发展事业的平台]

一段时间里，Sun企业为了提高工作效率，经常最大化员工的价值，导致一个人干两个人的活。软件工程师帕特里克·纳夫顿对工作感到厌倦，对Sun的开发环境感到不满，决定离开Sun企业跳槽去Next企业工作，向公司董事会主席斯科特·麦克尼里递交了辞呈。

本来对于Sun这样一个人才济济的企业来讲走一两个人是无足轻重的，但是麦克尼里敏感地意识到了企业内部可能存在着某种隐患，于是他请求纳夫顿写出他对企业不满的原因，并提出解决的办法。

当时，纳夫顿抱着"反正我要走了，我无所谓了"的想法，大胆地指出了Sun企业的不足之处。他认为Sun企业的长处是它的开发能力，但是员工往往是完成上一个工作就马上赶下一个工作，完成一个项目就立刻赶下个项目，没有总结、回顾的时间，更谈不上工作的创新、持续改进，这不利于个人才能的发挥，企业应该早日改变这种现象，才能真正做到以技术取胜。

对于纳夫顿的意见，麦克尼里做了慎重的思考，而后他通过电子邮件将一封信发送给了许多 Sun 的项目软件工程师。信中说："公司将投入一大笔资金用于帮助员工在技术领域方面的研究和革新。"很快，麦克尼里的电子信箱就塞满了员工的回信，这些信件都支持他对企业现状进行改进，当然也包括纳夫顿。

很多企业都讲以人为本，其实，以人为本最简单的一个体现，就是能够尊重员工的个人发展意愿。企业不应该是索取员工剩余价值的机器，而应该作为一个社会责任的承担者，引导他们、推动他们的职业生涯不断发展。

一颗树种要长成一棵参天大树，土壤和环境是起决定性作用的。对企业的员工来说也是如此。当领导者把人才招募到公司，就如同播下一颗树种，只有为其提供适当的平台，才能发挥出才能，为公司创造利润。但不幸的是，许多领导者只知道一味地向员工要业绩，而忽视了提供平台的意义。

例如，有些企业过分强调工作效率，往往忽略了员工在工作中需要总结知识、需要改进或创新思考和讨论等。这些虽然不紧迫但很重要，短期看起来影响不大，但会令那些勤奋上进、胸有大志的员工产生没有前途的感觉，在失望中寻找新的企业。

因此，领导者要从长远着手培养员工，给员工提供一个良好的平台、一份长远发展的事业，提供可持续发展的机会和空间，这样会让员工感到选择公司不只是选择了一份工作，更是选择了自己一生的事业，如此才会全力以赴地投入工作。

对信息产业来说，创新是一种持续性的生产力。为了鼓励创新，谷歌鼓励员工在上班时间尝试不同的事情，员工可以利用20%的工作时间做自己工作以外的事情，这种时间可以理解成一个星期一天或是每五个星期一个星期。拉里·佩奇认为，"总结提炼、分享学习、使用和创新，需要给员工一些时间"。这一点很特别，公司很多产品就是在这20%的时间里开发出来的，比如谷歌新闻和谷歌电邮。

另外，谷歌还鼓励员工通过自主创新发展自己的事业，这可以是内部创业，也可以是外部创业。员工外部创业时，谷歌创业管理机构会根据投入的创业基金、创业者的智力和技术等划分股份，作为合资方入股新创立的企业。当然，新创立的企业一旦盈利就必须按照比例与谷歌分成。谷歌的这种对员工自主创新的鼓励方式成果显著。

就这样，谷歌对每一位年轻人都充满了吸引力，谷歌优秀的计算机科学专家遍及世界各地，谷歌精彩的创新也来自四面八方。

员工能否忠诚于一个企业，关键因素之一是，在他们成长的道路上，领导者是否能够对他们多多栽培。有多少企业愿意让一线工作人员，特别是骨干人员，将 10%~20% 的时间花费在创新或知识传承上呢？企业如果只重视眼前利益而忽略长远利益，注定留不住人才。

有些企业在高速发展一段时间后就会发现，员工专业能力稀释，导致出现了质量问题、成本控制问题、客户满意度问题、员工流失率问题等等。这时候，企业就不得不调整目标，放慢发展速度，加强对员工专业能力方面的训练，调整几年，再重振旗鼓。也有些快速发展的企业因为员工能力和创新跟不上竞争的要求而倒下。

有鉴于此，领导者一定要及时了解员工对环境的需求和想法，尽力提供有利于其施展才能的环境，给予有能力的员工一定的发展空间，鼓励他们勇敢地创新，大胆地尝试，自由地发挥，让他们有充分的自由去做一些自己想做的事情，实践自己的一些想法，这对于企业只有益处而没有害处。

002

[将员工安排到合适的位置上]

蜻蜓、青蛙、壁虎和蜘蛛是大庄园主蜥蜴的仆人。某个夏夜，蜥蜴准备好好睡觉，却被周围讨厌的蚊子吵得无法入眠。为此，蜻蜓、青蛙、壁虎和蜘蛛聚集在一起，商讨如何捕捉蚊子。很快它们分了工，壁虎和蜘蛛捉院子池塘边的蚊子，蜻蜓和青蛙负责处理卧室的蚊子。

壁虎和蜘蛛来到院子里的池塘边上，壁虎一看到水就晕，生怕自己掉进水里淹死了；蜘蛛刚在水边结上网，哪知没过一会就被水泡坏了。看着那么多蚊子在池塘边上狂欢，壁虎和蜘蛛只能干瞪眼。

此刻，蜻蜓和青蛙也做得很辛苦，虽然一上一下配合，可是蚊子很聪明，它们聚集在房顶的角落里，青蛙够不到，蜻蜓捉不着。蜻蜓飞来飞去，青蛙跳上跳下，把卧室里弄得噼里啪啦响，但还是捉不住蚊子。

蜥蜴本来就恼火，看到蜻蜓、青蛙、壁虎和蜘蛛捉不住蚊子，便将它们大骂了一顿，赶出了庄园。被开除的蜻蜓、青蛙、壁虎和蜘蛛想不明白自己忠心耿耿地为主人捉蚊子，怎么反而被责骂呢？

通过这个寓言故事，我们可以看出这样一个事实：蜻蜓、青蛙、壁虎和蜘蛛之所以捉不住蚊子，惨遭主人开除，并不是因为它们没有认真工作，而是它们事先没有找到自己的最佳位置，能攀壁的壁虎和会织网的蜘蛛负责池塘，而会飞的蜻蜓和会水的青蛙则被留在了卧室。

我们可以得出结论：每位员工都是人才，只不过所擅长的方面不同而已，需要找到适合自己的工作岗位；领导者将员工放到不合适的地方，不仅对工作的开展毫无意义，还会挫伤员工的积极性，导致管理工作的失败。

有一位哲人说过一句话，意思大致是这样的：如果把宝贝放错了地方，那么宝贝就会变成废物；如果把宝贝放对了地方，却没有好好地加以利用，同样也会使其成为废物。作为领导者，让每个员工都有适合自己的工作，适合自己发展的平台，是必要的管理工作之一，也是激励员工的一大法宝。

员工要想有所作为，除所具备的自身素质和专业知识外，还需要更为重要的一个因素——机会。而领导者就是提供机会的人，要懂得识才用才之道，为员工提供表现的机会——就如同给优秀的舞蹈家提供舞台，他才能跳出优美的舞蹈。大多数时候，企业并不是无才可用，而是领导者的能力不足，不能够使员工量才而用，扬长避短。

可以说，一个领导者如果拥有一份识才用才的智慧，那么他的事业就已经成功了一半。事实上，员工的短处和长处之间并没有绝对的界限，短处之中其实往往蕴藏着长处。没有无用的员工，只有不会合理安排工作的领导。因人而异，量才适用，方为根本。

某个城市里的企业家自发组织了一场友谊交流会，目的就是让大家聚在一起交流一些心得体会，共同进步。转眼间，又到了友谊交流会的日子。这些企业家们谈笑风生，整个会场的气氛非常活跃，但一位老板却显得心事重重。

在旁的一位朋友问及原因，该老板忧心地说道："唉，我有三个不成材的儿子，老大杞人忧天，老是害怕工厂有事；老二整天就知道吹毛求疵；老三又经常在外面闲荡鬼混，不规规矩矩地上班。哪天我要是退休了，我怎么放心把公司交给他们啊。"

朋友想了想，笑着回答道："老兄，你真是不知足啊。如果我有三个这样的儿子，我会非常高兴的。要不这样，你让你的三个儿子先到我的公司上班吧，只需要三个月时间我有办法让他们像其他人一样成为一个合格的员工。"

第二天，老板的三个儿子到新公司去报到，老板朋友根据他们的性格分配工作：让害怕出事的老大，负责安全保卫及保安系统管理；让喜欢吹毛求疵的老二负责管理产品质量；老三就让他负责商品宣传，整天在外面跑来跑去。这三个儿子一听满心欢喜，非常认真地做起了本职工作，而且工作效率很高。

正如清代思想家魏源所言："不知人之短，不知人之长，不知人长中之短，不知人短中之长，则不可以用人。"作为领导者，要想让员工发挥出自己的全部潜能，就必须对员工有一个较深入地了解，对员工的爱好、兴趣、素质、专业知识的掌握等方面有一个了解，最主要的是了解员工的优缺点。然后再根据员工的特点安排工作，就能收到很好的效果。

比方说，对那些进取心很强，但做事马虎的员工，就不能把要求准确无误、毫无差错的工作交给他。这样的员工最适合做临时性工作，如果企业有需要迅速处理的工作，就交给这样的员工去做，但别忘了还要找一个做事谨慎的职员予以把关。当然，如果有充裕的时间，可以把工作交给谨慎型的职员，以求完美无缺。

再比方说，对于那些爱表现但能力不足的员工，干脆就在无关紧要的工作中让其好好表现，也不要去批评或压制他，把薪酬低、工作量大的事情给这样的员工干，既不会亏了公司，还能让其感到自己的重要性。对于那些做事小心谨慎且善于处理人际关系的人，领导者可以让他们尝试一下管理的职位，或许会有一些意外的惊喜。

总而言之，在任何一家企业里都有各种各样的工作，也都有各种各样的员工，善于用人的领导者能根据每位员工的特点，把他们都安排在合适的位置上，最大限度地激发员工的工作热情，为企业创造更大的价值。这既是企业领导者的职责，也是领导才华的体现。

003
[不断提高要求是激励人才的关键]

自古以来，就有这么一个传说：鲤鱼只要跳过龙门，就可以变成龙。

鲤鱼们世世代代都去跳龙门。可是，没有一条鲤鱼能跳过龙门。河里的乌龟劝告鲤鱼说："'鲤鱼跳龙门'，这是不切实际的痴心妄想。你们应有自知之明，何必去白费力气呀！"鲤鱼回答说："不错，我们鲤鱼至今还没有能跳过龙门的，但这样的高标准锻炼了我们鲤鱼跳跃的本领，所以我们才能胜过河里所有的水族，登上跳高冠军的宝座。"

尽管没有鲤鱼能够跳过龙门，但是"跳过龙门就能成龙"这一目标一直激励着世世代代的鲤鱼，使得鲤鱼炼就了跳跃的本领和生存的才能。联系到企业管理，利用高期望的激励机制，往往也能够激发员工不断努力。

在实际工作中，不少领导者会发现这样一个问题，有些员工原本是能力出众的，而且工作热情也很高，但是工作时间一长，尤其是有所成就之后，他们就会满足现状，不再积极进取。面对这种员工，领导者应采取的激励办法应该是不断地提高要求，提升员工的能力。

能力出众的员工更喜欢迎接挑战，如果领导者能不断地提出高标准，为他们提供新的成功机会，他们的潜能就会不断地释放。美国一位叫克雷格的管理顾问说："设立高期望值能为那些富有挑战精神的贤能之士提供更多机会，这是激励人才的关键。"

1980年，西蒙伊加盟微软公司，之前他已经在IT行业取得了不错的成绩，他原以为自己在微软的工作会很轻松，但是很快他就发现盖茨给他的工作多么富有挑战——进行电子表格程序、贸易图形显示程序和数据库应用程序软件的创作。微软提供的舞台让西蒙伊找到了挑战自我、挑战极限的快感，最终他凭借自己的努力完成了3个软件的创作。

微软从1981年开始开发Windows操作系统，当时已经是微软商务经理的鲍尔默挺身而出，承担起开发的责任。盖茨只说，如果视窗软件不能在1985年春前上柜销售，他就要鲍尔默走人。在当时，这几乎是一个不可能完成的任务，不过鲍尔默却体验到了挑战的快乐。最终，他没有辜负盖茨的期望。1984年11月，他成功地把Windows3.0推向市场，不仅使自己声名赫奕，还赢得了总裁的位置。

对此，盖茨解释道："微软觉得有一套严格的制度，你就会做一个很规矩的人，但你的潜力发挥到70%就被限制住了，微软要每个人都做到100%。特别是做软件，需要人的创造力，所以微软有一种激励的文化，如果你现在的情况能做到70%，那公司给你资源，公司给你方向，公司给你鼓励让你去达到100%。"

如果公司给员工的资源、待遇、奖励都够了，那么员工还追求什么呢？在微软，这个答案是唯一的，那就是让他们开展富有挑战性的工作，为他们提供新的成功机会。

的确，一个真正吸引人的公司应该是一个能够让员工不断挑战自我的公司。一个人只有不断地面对挑战，才能使自己的思想更积极，眼界更开阔，从而将内在的潜能变为无限的成就。

日本东芝公司在总结企业用人方面的成功经验时，也曾指出激励人才的关键就是不断地提高要求。他们认为，当一个员工能挑50公斤的担子时，而你只给这个员工30公斤或20公斤，不仅难以发挥员工的能力和创造力，同时也会极大地挫伤员工的积极性和主动性。相反，当承受的"担子"重量超过员工日常的负荷能力时，他/她就会全力以赴，想方设法地提升自己，完成工作任务。

更为重要的是，这些被委以重任的员工在这种激励的鼓舞下，能够深刻地体会到领导层对自己的信任和期望，能够感受到晋升的可能，从而激发出强大的精神动力，不遗余力地投入工作，形成良好的企业文化氛围，使人人都对自己抱有较高的期待、人人都渴望更大的成功，这对企业无疑是非常有利的。

因此，对于员工尤其是满足现状的员工，领导者要对他们不断地提高要求，给他们提供新的成功机会。当然，这需要掌握一定的尺度，过度的期望则会加重员工的心理负担，令其惶恐不安，有时还会产生逆反的心理。

004

[加强员工培训，促进员工成长]

可口可乐公司人事部 Claudia 说："可口可乐是一家培养人才的公司，生产碳酸饮料不过是我们的副业。"

在可口可乐中国分公司，培训分为高、中、低三级。高层员工的培训主要是以总部培训发展组提供的培训项目为主，如每年挑选一些高级经理去清华大学接受一个月的培训。对中层员工的培训则主要侧重于帮助他们掌握新的管理知识、新的技能，优秀者去厦门大学培训一个月。至于一般员工则侧重于本职岗位的专业技能培训，在培训中主要抓好对潜力好、能力强的员工进行重点培训，这些培训主要是多提供给他们一些新领域的知识与技能，以达到升职后工作岗位的需求。而企业中层的重点员工与基层的重点员工，一般来说是企业培训的重点，公司会集中对他们进行强化培训。

在业务技能的培训上，可口可乐系统的培训是经常性、全员性的。如对于新的业务员，由老的业务骨干（业务主任、经理）在本单位内定期或不定期进行业务培训；对于老业务骨干（业务主任、经理）则分批到高层管理部门（称为可口可乐管理学院）参加培训，不断从实践的总结和理论的指导上提高业务技能。

在可口可乐公司，员工的流失率是非常小的，而且员工们的工作热情普遍十分高涨。对此，一名员工解释道："好公司大家都愿意留下来并为之努力，既给公司创造价值，也给自己一个实现自我价值的平台。在这里我不仅仅是在为公司工作，而且也是在为自己工作。"

企业经营的目的是什么？相信绝大多数的领导者会给出这样的答案——盈利。这种说法并没有错，但是领导者若一味地依照这一目标经营企业而忽视员工的成长需求，是很难激发员工的积极性，也很难留住人才。因为每个人都希望进步，都有上进心，员工也不例外，他们总是期望公司给自己提供更多的学习机会和进步空间。

因此，领导者要想提高员工的竞争力，使他们更好地为企业服务，就要树立"经营即教育"的观念，对员工进行教育和培训，支持员工提升自己的专业水平。

"帮助别人发挥他的潜力，一方面是我们的责任，另一方面对我们的业务也很有帮助。"强生威尔的CEO史代尔说，"人生应该有抱负，充满学习欲的人是欣欣向荣的，他们是快乐的人，他们也必定是好员工。充满学习欲的人有进取心，有想象力，一家公司如果有很多这样的员工，这家公司一定不会打瞌睡。"海尔的张瑞敏曾对企业的管理人员这样说过："员工刚进入公司素质不高，不是你们的错，但一段时间后，员工的素质还是不高，就肯定是你们的错。"可见，对员工的培训是多么重要。

有些领导者也不是没想过要对员工进行培训，但是培训就得有投入，他们会存在这样一种疑问：企业注重了培训，更多地投入培训管理，那么员工会不会"学有所成"离开自己的企业？如果员工离开的话，这岂不是给企业造成了浪费？这确实是一个比较矛盾的问题，但是我们应该看到，员工的专业技术水平提高了，才能够更好地为企业服务，为企业创造更多的价值。如果仅仅是担心他会跳槽，那说明这个企业没有底气。而且，这样做会造成恶性循环：员工愈是能力不足，这样的管理愈是失败。

基于此，如果认为企业里的每个人都应该发挥自己最大的潜力来促使企业繁荣发展，那么，适当的训练是绝对必要的。具体说来，就是为企业内部的员工提供灵活的培训计划，增加员工的学习机会，让他们更有效地提高自身能力与素质，从而促进企业的发展。

一份工作除能够养家糊口外，还能促进个人成长，这是让员工倍受鼓舞并且终生受益的，这对企业的可持续发展也是非常有利的。企业培训是一项有意义而又实实在在的工作。那么，领导者如何加强对员工的培训呢？以下五个原则是必须遵循的：

1. 岗前培训至关重要

实践证明，开展培训的最佳时机应该是新员工刚刚进入企业，在激发新员工工作热情的同时，还能加快员工进入工作状态的速度，增强新员工对企业的了解和认可，并且及早地设定自我目标。如果不能把握岗前培训的最佳时机，新员工就会对企业产生距离感，无疑这对企业是不利的。

在这里，最重要的是对企业文化的介绍，包括企业的经营理念，企业的发展历程和目标，通俗地讲，就是告诉新员工公司是什么样的一个企业，在同行之间的地位如何，最主要的竞争对手是谁，公司的发展目标和方向，等等，这些至关重要。

2. 重视员工的培训请求

培训的目的是让每一个参与培训的人员得到知识的补充和技能的提高，因此其主动性十分重要。主管者一定要对员工的培训请求十分重视，一旦员工发现自己在工作中存在不足并且亟待解决的时候，培训往往是他们迫切的需求，这也是最好的培训时机。

比如，一些新员工急需的就是技能上的提高和公共知识的补充，但是对于老员工来讲，这些已经对他们构不成任何吸引，他们自然不会重视培训的机会，从而使激励效果大打折扣。这时候，领导者不妨先找到他们的问题，然后再刺激他们的需求，这样才能有效地制定出合理的培训方案，有的放矢。

3. 要为员工拟订培训计划

毫无疑问，如果让员工自己凭感觉或者靠有限的经历去摸索来提高自己的工作能力，那么低效率是肯定的，而且一旦他们被困难所阻，就会丧失信心，甚至对公司产生反感，即使能勉强应付，也会形成不良习惯，给工作带来麻烦。如果领导者能够有预见性地为员工拟订培训计划，自然会起到事半功倍的效果。

4. 培训形式多种多样

狭隘单一的职业培训会使员工产生厌烦情绪，甚至抵触，因而培训的形式要全方位、多层次。事实上，培训的形式是多种多样、无处不在的。因此领导者不一定要选派员工出去参加固定的培训班，也不一定要请专家前来讲课，可以抽时间和员工一起聊聊天，说说新近发生的事情，交流一下思想，这种谈话都可以被视作一种培训。

日本的松下公司就是这样一家企业。松下把创造、培育人作为公司经营的根本指导思想，十分重视对"创造产品的人"的培育和训练，并且培训形式多种多样，灵活生动。他们有时会请一些专家讲座，有时会请优秀的员工分享自己的经验，有时会有员工"一对一"的对话。松下把"训练和职业发展"作为企业方针，公司的所有员工都受到了经常性、持续性的培训。公司通过对员工的培训，不但训练出了很多具有高度生产能力的员工，而且还培养出一大批既有实际工作能力又有丰富生产和销售经验的优秀人才，这些员工成为松下公司不断发展的动力。

5. 重视员工培训的导向性

给员工的培训以及帮助员工实现自己的目标，前提是把员工的个人发展目标和企业发展目标有机结合，让员工明白在努力为公司工作的时候也是在实现着自己的奋斗目标，从而激发其主人翁的意识。因此，领导者对员工的导向是非常重要的，通过各种培训潜移默化地影响员工，员工就会朝着这个方向努力。

005

[让员工目标与企业目标相一致]

自20世纪80年代初开始，企业文化热风靡了世界管理舞台，特别是在发达国家，许多企业纷纷将自己的追求用简练概括的语句表述出来，冠以"企业哲学""企业精神"的名目，并力求在员工中达成共识。

比如，沃尔特·迪斯尼公司：让人们快乐；3M公司：创造性地解决那些悬而未决的问题；惠普公司：为人类的幸福和发展做出技术贡献；玫琳凯化妆品公司：给女性无限的机会；索尼公司：体验发展技术造福大众的快乐；沃尔玛公司：给普通百姓提供机会，使他们能买到与富人一样的东西。

实践证明，这种明确化了的价值观念，在凝聚力量、统一思想和统一行动方面都起到了重要作用。

一个企业凝聚力的形成，来源于员工个人目标与企业目标的一致性。著名经济学家毛仲强曾说过："现代企业管理的重大责任，就在于谋求企业目标与个人目标两者的一致，两者越一致管理效果就越好。"

的确，一个优秀的团队，必然是建立在相同的目标之上。试想，如果大家没有一个共同的目标，必定无法使所有人的力量凝聚在一起。就像十个大力士去推一辆货车，他们不是朝着一个方向使劲，而是你朝东，我向西，最终的结果可想而知。相反，共同目标的建立则像灯塔一样，不仅为航船指明了前进的方向，还能给航船以前进的精神动力，一股强大的感召力，这会创造出众志成城的感觉。这样的景象无疑是任何组织单位都追求和期望的，这种工作氛围可以展现每个成员的个人才华，形成强大的合力。

在企业，"共同目标——我们想要创造什么"是企业的一种愿景，始终为企业指明前进的方向，指导着企业的经营策略、产品技术、薪酬体系甚至商品的摆放等所有细节，是企业的灵魂。当这种共同愿望成为企业全体成员一种执着的追求和一种强烈的信念时，它就成了企业凝聚力、动力和创造力的源泉。

由此可见，领导者在鼓励企业员工打拼的同时，一定要让企业的目标和员工的目标相一致。既然企业目标的实现与加强员工的职业管理是一致的，那么，它们两者的一致性怎么体现，或者两者的结合点在哪里呢？领导者怎样才能使员工和企业的发展目标一致，使员工和企业和谐发展，共同实现目标呢？

领导者一定要牢记以下几点：

1. 经济利益目标要一致

企业与员工目标的一致性首先表现为经济利益目标的一致

性。企业追求效益目标是其存在的前提，员工获得经济利益是其最终的目的，企业最大的经济效益与员工最大的满意度是相辅相成的，二者缺一不可。可见，组织与员工是相互依存的关系，两者都是为了追求良好的发展，这就是目标的一致性。

比如，联想公司、方正公司、同方公司等在媒体上宣称要在多少年之内造就多少百万富翁。其实，这是企业发展的一个目标，也正好迎合了员工在利益方面的期望。当然，这也是吸引员工为企业效力的有效激励措施之一。没有这些人的努力，企业不可能发展；没有良好的企业环境，这些人才也难以成为百万富翁。

因此，企业与员工在利益追求上是一致的，这也是职业管理的有机结合点，领导者一定要关注员工的利益。员工的满意必定会带来企业的效益，不考虑员工个人利益而获得的企业效益是不会长久的，也谈不上真正实现了企业的经济目标。

2. 贯彻"共同目标"这一理念

有了共同目标之后，领导者就要想方设法地把"共同目标"这一个理念贯彻到每一个员工的心里。只有让员工深刻认同共同目标之后，看到自身在企业中的定位，看到自身的历史责任，才能使他们感到自己隶属于一个优秀的团队，感到自己具有乐于奉献的敬业精神，才能更好地为了实现这一共同目标而奋斗。

日本大荣公司总裁中内功就善于利用共同目标统一员工行

动，他以"大荣誓词"来统一思想、规范行为，以形成颇具个性的经营思想，在员工中间贯彻"共同目标"这一理念，创立大荣在市场中的良好形象。

"大荣誓词"是大荣公司经营哲学、价值取向以及公司精神的结合体，是体现大荣价值追求的形象口号。大荣誓词为大荣公司的精神大厦打下了三根基础桩：第一，通过我的工作，为顾客提供高质量的生活服务；第二，真实诚恳，为不断提供物美价廉的商品而劳动；第三，热爱顾客，热爱商店，努力不止。

除此之外，大荣总店和分店还实行连锁经营制，从视觉上统一标识、统一认识。办公用品规范化，员工服饰标志分明，进一步弘扬和实践了大荣的经营理念，使员工们认识到这是一个优秀的团队，并且愿意为企业目标奉献力量，进而极大地提高了大荣的知名度，使大荣在市场上脱颖而出。

可见，如果要使员工为了实现公司目标付出努力，就必须使他们首先能够认同这些目标。对于领导者来说，能把企业的目标以通俗易懂、简洁明了的方式和盘托出，清清楚楚地传达给团队成员是至关重要的。

3. 要以员工个人目标为基础

要让员工把企业的目标当作自己的目标，那么企业目标必须具有包容性，才能使全体人员参与，从而让企业目标体现在日常工作之中。企业目标应建立在员工个人目标的基础上，只有以此为前提，才能激发出员工工作的积极性，充分发挥其创造力。为此，领导者在确立企业目标之前，最好应了解每位员工的个人目标是什么，在此基础上最终确立一个能够得到整体认同的、可发挥员工凝聚力和创造力的共同目标。

总之，在企业和员工之间塑造一个共同目标，创建共同的价值立场和相同的价值理念，是激发员工积极性和工作动力的重要手段。员工认同企业，同时企业也认可员工，这样一来，激励手段便非常有效。

006

[通过有效的晋升制度留住人才]

日本企业界权威富山芳雄曾经亲身经历过这样一件事：

日本某设备工业企业材料部有位名叫P君的优秀部长，因为精明强干，上级交给他去完成很多工作。而P君工作积极、人品好，深受周围同事的好评，富山芳雄也认为他很有前途。但是10年之后，当富山芳雄再次到这家企业时，竟得知P君这几年来一直只是一个小员工，而现在他已经辞职了。

对这一情况，富山芳雄感到很惊讶，经过调查了解，他明白了事情的真相。原来10年之间，P君的上司换了3任。第一任上司因为P君精明强干且是个靠得住的人物，丝毫没有调动他的想法。第二任上司在走马上任时，人事部门曾经提出提升P君的建议，然而新任上司认为P君是工作主力，如果把他调走，势必要给自己的工作带来很大的不利。总之，哪任上司都不肯放P君走，P君只好长期被迫做同样的工作。

P君最初似乎没有什么想不通的，干得不错，但是随着时间的推移，他逐渐变得闷闷不乐、脾气暴躁，甚至愤世嫉俗，对工作也不再像以前那么上心了，以致工作出了问题。就这样，上级人员认为，P君虽然是工作骨干，堪称专家，但是工作态度不够好，便将他调离了第一线的指挥系统。不久，P君辞职了。

在企业中，让员工原地踏步是不可取的，因为每个员工都很重视工作上的成就感和自己的发展空间，不给员工晋升的机会，这让员工感觉到不被信任、不放心他、怀疑他的能力，那么员工肯定是不会尽心竭力去工作的，跳槽也就是自然而然的事情了。正如美国密歇根大学工商管理学院教授戴夫·沃尔克所说的："员工在一段时间内会关注薪水，但如果雇员对工作失去了兴趣，单单靠金钱是留不住他们的。"

那么，我们怎么让员工一直对工作保持兴趣，选择留在公司呢？制定有效的晋升制度！让出色的员工适时地得到提拔，可以满足员工的心理需要，并且让他感觉到上级对他的信任，从而忠心于企业。

不要怀疑这一点。在我们身边有这样一些人，他们辞掉收入较高的工作而跳槽到收入相对较低的企业工作。为此，有关研究人员曾针对150个高级职员的跳槽行为进行了调查，调查结果显示，其中41％的人是因为晋升的机会有限，25％的人是因为他们的业绩没有得到赏识，只有15％的人是因为薪水及福利待遇的因素。

有专家研究发现，人才特别是高级人才，在看待一项工作时，最看重的是事业上的成就感，其中就包括自己是否有晋升的机会。行为科学家赫兹伯格的双因素理论也指出：工资、工作条件、工作环境等属于"保健"因素，不具有很强的激励作用，而工作成就、发展前途等因素才是真正的激励因素。

要真正留住人才，就得靠晋升来激励员工。那么，领导者如何制定有效的晋升制度呢？概括起来晋升职位有四种方法：

1. 职位阶梯

职位阶梯是指一个职位序列中职位渐进的顺序，序列包括每个职位的头衔、薪水、所需能力、经验、培训等，能够区分各个职位不同的方面。领导者以这些职位阶梯为指导来水平地调动员工或垂直地晋升员工。有了职位阶梯，员工的任职资历就将成为被晋升的依据。

2. 职位调整

职位调整的目的在于晋升那些职位发展空间非常有局限的一小部分员工。领导者会从他们中选择晋升候选人，而不会考虑其他资历更老的员工。如果这一小部分员工中没有合格的人选，并且该团体并没有达到其承诺的目标，那么领导者宁愿从外部招聘也不会晋升这一部分的员工。

3. 职位竞聘

职位竞聘是指允许当前所有的员工来申请晋升的机会。其好处在于增强了员工的动力，同时减少了由于领导者的偏爱而产生的不公平晋升。然而，职位竞聘意味着大量的文字工作和过长的竞聘时间，领导者必须做出正确的判断，排除不合格的员工，而且必须对被淘汰的应征者做出合理解释。

4. 职业通道

职业通道是指一个员工的职业发展计划。对企业来说，可以让企业更加了解员工的潜能；对员工来说，可以让员工更加专注于自身未来的发展方向并为之努力。这一职业发展计划要求员工、领导者共同参与制订。员工提出自身的兴趣与倾向，领导者对员工的工作表现进行评估，并且负责评估其未来的发展可能。

一般来说，资历和能力是领导者做出晋升决策的基本依据。资历可以从员工服务年限、所在部门以及工作岗位来衡量；能力可以从技能、知识、态度、行为、绩效表现、产出、才干等方面进行衡量，总之能力衡量是一个复杂过程。不同类型的企业以及同一企业中不同的等级所需的能力结构是不一样的。

除了衡量员工能力之外，在做出晋升决策之前，领导者还有必要首先评估新工作本身，明晰该工作目前和未来存在的问题，并设立短期目标；评估该工作所需的知识、技能和个人品质，最佳的候选人应该达到新职位的最低标准。基于这样的系统评估方法，领导者就能够找到最合适的任职者。

不过，晋升制度一定要讲究公正公平原则，让所有的员工都有平等的机会，绝对不能晋升不称职的员工。不公正、不公平的晋升会引起员工的抵触、猜疑和担心，使得企业的正常运作被打断，让企业的效率低下，从而影响到最终目标的实现。为此，领导者不妨鼓励员工进行职位竞聘，让所有员工都可以加入到晋升选择中去。这样，可以使员工得到很好的激励和回报，并实现企业绩效得到改进的目的。

007

[为上进的年轻人提供晋升的机会]

赵旭经营着一家互联网公司，在元旦发完工资后，有8名员工同时离职，其中有5名年轻职员。对此，赵旭感慨道："IT行业人员流动性非常大。辞职的一般都是刚毕业的'90后''00后'，他们对换工作也毫不在乎。有的人来了两三个月就走了，离职的原因也五花八门，比如考研、考公务员甚至是回家过年！"

赵旭目前最头疼的是怎么才能熬过年底，明年要认真考虑如何招人和如何留住员工的问题："明年，我是不是不该再招聘年轻员工了？不过，年轻员工大多要求的工资比较低，可以减少公司的开支，到底怎么办呢？"

"其实，不是我想辞职，谁不希望有一份长久的工作啊。"田宏曾是赵旭公司的一名职员，说起自己的辞职，他给出了这样的解释，"在公司，我工作一直很努力，能力也得到了经理的赞赏，但是一有晋升的机会，经理总是先考虑那些老员工，这让我觉得在这里干下去没有意思，还不如赶快走人呢。"

许多企业领导者有和赵旭一样的想法，一有晋升的机会首先考虑那些老员工，一是老员工经验丰富，二是老员工对企业忠诚。与此同时，认为年轻职员经验欠缺，心浮气躁，还需要在基层更多地进行磨炼。

殊不知，这是一种非常错误的想法。年轻人富有朝气并喜欢新鲜事物，他们喜欢面对挑战，希望自己的工作充满乐趣并富于变化，不愿意整天工作在单调乏味的工作环境中，迟迟得不到晋升的机会在打击他们的工作积极性，忍无可忍时他们就会选择跳槽。

有一个大型招聘单位，曾对中国30个省级行政区的9986名年轻职场人士进行调查，报告显示，在很多年轻人眼里，如果工作了几年还没有得到晋升，就是"混得不好"；92%的员工希望晋升至高管职位，72%的职场员工因为得不到晋升机会想在5年内转换职业发展方向（包括转换行业、专业及公司）。

换一个角度说，既然年轻员工希望工作能满足其成就感和好奇心，并渴望获得及时、明确的肯定和承认。那么，领导者不妨大胆地提拔能力突出的年轻人，并以持续晋升的途径来激励年轻的员工，这样不仅能使他们与企业之间产生有益的互补共振效应，还可以增强企业的实力。

在任用将领时，拿破仑坚持的原则是"勇气过人""机智天才""遵循兵法规律与自然法则"，当然最好的一点是"年轻有为"。拿破仑曾经说过：将领是一个军队的象征，任用年轻的将军，就等于拥有了一支年轻的军队，等于拥有一支如狮子般的军队。

我们来看一下，拿破仑年轻而威武的军队将领阵营：

拿破仑手下的名将马尔蒙，26岁任意大利法军炮兵司令，27岁任军长和炮兵总监，32岁任达尔马齐亚总督；达乌，28岁，远征埃及的骑兵指挥官；苏尔特，25岁任准将，30岁晋升少将；奥什，25岁任准将，29岁任集团军司令……

可以说，拿破仑手下的将领绝大多数都是年轻人，拿破仑之所以能在短时间内创造所向披靡的神话，是因为他手下有一大批优秀的青年将领。

为勤奋上进的年轻员工提供持续晋升的机会，也是麦当劳最吸引人的地方。

麦当劳晋升的机会是从最琐碎的小事开始的，每一位刚进入麦当劳的年轻人，不论有什么文凭，一律都要从头做起，从事最基本的琐碎工作：炸薯条、做汉堡、烤牛排、每天两次擦洗门窗等，这个过程一般持续4—6个月，这也是每一个走向成功的麦当劳人的必由之路。

通过这些最基本的琐碎工作，有才能的年轻人被晋升为一级助理，他们除抽出一定的时间负责餐馆工作外，还要承担起如进货、排班、计划、统计等的管理工作。已被提升为餐馆经理的年轻人同样还有充分的发展空间，只要业绩优秀就可以晋升为监督管理员，也就是说，同时负责三四家餐馆的监管工作。三年后，优秀的监督管理员将晋升为地区顾问。到那个时候，这位麦当劳人将作为总公司的"外交官"被派驻到其下属的企业，作为公司在这一地区的全权代表，担任起重大的企业责任。当然，成绩优秀的地区代表仍然可以晋升，成为更大区域的地区代表，地位可高达麦当劳某一国家或行政区的副总经理、总经理和董事长。

就年龄而言，麦当劳的经理群与员工群都是年轻人。每个经理都要管能接待100多人的中型餐厅，而他们的平均年龄仅为25岁左右。这种情况在其他公司简直是难以想象的。不过很显然正是这一措施使得麦当劳公司的年轻职员奋发向上，努力工作，而且保证了麦当劳的管理人员不会出现断层，公司业绩稳步上升。

为新来的年轻员工提供成长的机会，提供持续晋升的机会是麦当劳的重要特点和成功之道，难怪一位经理这样说："无论管理人员多么有才华、工作多么出色，如果他没有预先培养年轻有为的员工，没有培养自己的接棒者，那么他的管理就是不成功的，公司将有权不考虑其升迁。"

对于有较高才能的年轻下属，应该提拔到更为重要的岗位，让他们得以尽早地、充分地发挥才干，这样才能早出人才，快出人才，为企业服务时间更长，带来更大的效益。有了优秀人才而迟迟不重用，不仅对企业发展无益，在目前的人才流动机制下，也不易留住真正有才能的人。

总之，真正的领导者要能站在企业发展的全局，不论其资历高低，晋升为企业创造价值的人，这样才能真正有利于企业发展。

008

[先扩大责任范围，避免能不配位]

James是某家居公司研发部的一名工程师，在不到一年的时间里，他先后做了几个大项目，并获得了客户的一致好评。总经理见此很是高兴，便将James晋升为研发部的经理。晋升为公司中层干部了，James心里挺开心的，心想"领导对我这么信任，我一定要好好干"，但是升职才半个月，困惑就来了。

因为技术研发岗位与管理岗位上所需的知识、技能和态度是完全不同的，面对突然降临的晋升机会，James在管理能力上的不足很快暴露出来。管理能力不足，下属都看在眼里，James很难树立领导者的权威，干什么都没底气，又得不到他人的帮助，结果寸步难行。

晋升是领导者激励员工的一个有效方法，值得注意的是，如何用晋升手段激励员工也是大有学问的。因为晋升并不是简单地给对方一个更高的头衔，而是一个交付工作、承担责任的过程。如果员工挑不起这个担子，那就意味着公司又增加了一位名不副实的高级经理。这种晋升是毫无用处，毫无意义的。

晋升员工正确的做法是，晋升之前先扩大下属的责任范围，等到员工确实有足够的工作实力，能够承担将要从事的新职务之后再授予头衔。这样一来，公司的其他下属也就不会有异议，因为这个头衔的确是用能力换来的。

大学毕业后，陈倩倩进入一家出版社担任编辑工作。她很有才华，做事干脆利索，审稿质量高，工作效率高。对于这样的人才，社长自然是求之不得，他一心想提拔陈倩倩做编辑部主任。考虑再三后，他交给了陈倩倩一个比较难的选题，这种选题一般都是编辑部主任才能够做出来的。

接下任务后，陈倩倩就夜以继日地忙碌起来。工作上有很多不明白的地方，她就通过请教大学老师、在网上查阅资料等方法弄明白，最终她拿出了一份非常完美的策划。在此期间，陈倩倩认真负责、踏实卖力的工作表现给其他同事留下了深刻印象，她的完美策划也引来了一片喝彩声。

鉴于此，社长正式任命陈倩倩为编辑部主任。晋升职务后，陈倩倩在承担起这份沉重责任的同时，也得到了提升能力的好平台，她依旧尽职尽责，不仅创造出了很好的业绩，而且还带出一支十分优秀的编辑队伍。

领导者需记住，晋升一个人，是在培养一个人，而不仅是简单地提拔一个人，培养的效果远远大于提拔的效用。员工只有能够胜任将要从事的新职务，并且确实能够取得实际工作成绩时，方可予以提升。在一个职责划分明确的公司里，扩大下属的责任范围，给予他特别的任务或者挑战性的计划，可谓晋升最可靠的方法。

举几个例子，工作表现杰出的员工，可以送他/她去接受更高层的职业培训，也可以让他/她负责训练别人，这样他/她就能扮演一个较活跃的角色；对于最优秀的员工，可以让他/她扮演自己的部门与人事部门之间联络人的角色，也可以让其担任其他部门的顾问；假如有跨部门的问题、计划，或部门之间共同关心的事情，可以让这位最优秀的员工做代表，去与其他部门的人组成一个合作的团队。

而且，如果一再地给杰出员工特殊的责任，或者让其参与挑战性的任务，无形中已经告诉大家，领导对这个人非常器重，那么其他的员工必然会注意到这种情况，受到这种现象的启发，其他人也会不断地奋起直追，想要获得同样的器重。这样即便没有晋升机制，也同样会起到激励员工的功效。

如此看来，领导者在通过晋升方式激励员工的过程中，不妨先尝试扩大下属的责任范围，以此来避免晋升后续产生的诸多问题。这是一条非常值得注意的规则。

第十章

反向激励：
井无压力不出油，人无压力轻飘飘

在员工管理上，领导者必须想方设法激发员工的激情，调动其主动性和积极性。当赞美、鼓励、奖赏等正向激励无效时，不妨采用降级、激将、以儆效尤等反向激励法。反向激励常常表现为压迫式激励，有时反而比正向激励更有效。

001
[善用"负激励"约束员工行为]

自创办公司以来,米亚翻译公司培养了近万名翻译人员,这些人员被输送到全国各地的外资企业或者政府部门,并且多数人在所在单位脱颖而出成绩突出,起到了非常重要的桥梁作用。

有一次,米亚翻译公司的主管将一位学员推荐给了一家日资企业,该企业一开始还以为这位学员来自日本,因为她日语说得流畅精练,连比较生僻的词汇都听得懂。

企业的接待人员问该学员日语说得这么好的原因,该学员回答:"我学习日语已经有三年了,虽然现在我的日语水平已经很不错,但是我仍然坚持每天花三个小时来学习,因为我们公司的翻译资格每年都要考试,考不过就会丢掉饭碗。"

激励不全是正激励,也包括负激励。正激励是指用鼓励和奖励等方法对员工的某种行为给予肯定和支持,使这种行为得以巩固和加强,并持续地进行下去;负激励是指利用带有强制性、威胁性的控制技术，例如批评、降级、罚款、降薪、淘汰等措施，给员工创造一种带有压力的环境，以否定、制止和惩罚某些不符合要求的行为，促使其悔悟和改正。

说到负激励，很多领导者都会想到负效应，认为处罚对员工来说是消极的，很可能会伤害到员工的自尊心，挫伤到员工的工作积极性。事实上，负激励有其独特的作用，其效能是正激励所不能替代的。诺贝尔经济学奖获得者、心理学家丹尼尔·卡尼曼通过研究表明，一定数量的损失所引起的价值损害（负效用）要大于同样数量的赢利所带来的价值满足。简单地说，就是丢掉10元钱所带来的不愉快要比捡到10元钱所带来的愉悦强烈得多，也就是说，负激励有时候比正激励对人的影响更深刻。

根据这一点，当传统的正激励不能有效促进发挥员工的积极性时，领导者可采取负激励来实现更为有效的激励效果。比如，在管理制度中规定迟到早退会罚款，员工知道迟到早退会被处罚，自然而然地会约束自己的行为，也就达到了确保制度有效执行的目的。

强制性的处罚往往可以起到震慑的作用，员工会不自觉地接受这种负向激励制度的约束，从而提高对自我行为的管理。为了更好地发挥负激励的作用，领导者还需要掌握以下要点：

1. 负激励要注意把握"度"

如果负激励措施太轻了，员工不当回事，处罚与不处罚差不多，不痛不痒，起不到震慑作用，达不到预期目的；如果负激励措施过于严厉，又会使员工整天处于战战兢兢的状态，很容易抹杀员工的创新能力和积极性，还会造成员工与上司关系紧张，甚至破坏企业的凝聚力。因此，负激励的运用一定要注意把握一个"度"，照顾到员工的心理和经济承受能力。

2. 负激励要讲究人人平等

负激励不同于正激励，正激励一般偏向于"锦上添花"，多一点少一点，都不会剥夺员工的切身利益。但负激励不同，一旦产生偏差，员工就会斤斤计较，导致领导者的权威受损，甚至导致各种管理制度形同虚设。因此，领导者在执行负激励制度时，使用的条款一定要清晰准确，而且要坚持人人平等的原则，不能因人而异，不能"人情执法"。

3. 正负激励要两手抓

正激励和负激励作为两种相辅相成的激励类型，是从不同的角度对人的行为起到强化作用。在管理的过程中，对于正负激励的使用，领导者要坚持两手都要抓、两手都要硬的原则，不能只抓一个方面。只有正激励没有负激励，制度就会混乱；只有负激励没有正激励，员工就会失去工作热情。

曾在松下公司任职、后任三洋机电副社长的后藤，专门写了一本《斥责经验谈》，记述了自己被松下斥责的事情。有一次，后藤担任一家新工厂的领导，松下吩咐当日留下几个人加班,但后藤提前下班了。事后,松下毫不客气地斥责了后藤,说他:"这实在是太不应该了,怎么连你也做这种事情!"

令人不可思议的是,后藤听到这样的训斥不但不生气反而十分高兴。他在书中这样解释道:松下的那句"连你也……"令他十分意外,这句话分明隐含了松下对自己的格外赏识之意,比起其他人来,松下对自己寄予的希望更高,这令后藤十分欣喜又备受鼓舞。

在这个事例中,松下对待后藤可以说成功地使用了正负激励,"这实在是太不应该了"这是对后藤的责备,"连你也……"则是一种饱含着失望的抱怨,是对后藤之前工作的赞许,这种恩威并施的结果使后藤备受鼓舞。

另外,处罚的目的一般有三个:一是维护制度;二是给其他员工一个警示;三是避免犯错员工再次犯错。所以,领导者在处罚后还要跟犯错员工进行必要的沟通,让员工知道为什么会处罚他,帮助员工避免再犯同样的错误,给员工一个改正的机会。

综上所述,负向激励具有正向激励不可替代的独特作用,它使员工对制度产生敬畏,使整个群体的行为受到约束,使企业管理更为有效。领导者应合理地运用它,聪明地运用它。

002

[请将不如激将，用激将法有效劝说]

三国时期，曹操大兵压境，刘备手下无良将应对，急需老将黄忠横刀立马，驰骋疆场。虽然黄忠已经答应领兵抗敌，但是诸葛亮考虑到黄忠年事已高，对于黄忠此行能否一举成功还不放心。于是，他灵机一动，略施一计。

诸葛亮对黄忠说："老将军虽然英勇，然夏侯渊非张郃之比也。渊深通韬略，善晓兵机，曹操倚之为西凉藩蔽。先曾屯兵长安，拒马孟起，今又屯兵汉中。操不托他人，而独托渊者，以渊有将才也。今将军虽胜张郃，未卜能胜夏侯渊。吾欲酌量着一人去荆州，替回关将军来，方可敌之。"

一番话激起了老将黄忠的好胜心，他愤然答曰："昔廉颇年八十，尚食斗米，肉十斤，诸侯畏其勇，不敢侵犯赵界，何况黄忠未及七十乎？军师言我老，吾今不用副将，只将本部兵三千去，立斩夏侯渊首级，纳于麾下。"

事后，诸葛亮对刘备说，感叹老将黄忠已非当年，阻止黄忠出马并非他的本意，其目的在于激起黄忠出战杀敌的勇气和决心。若不用言语激他，此去未必能成功。果然不出诸葛亮所料，老将黄忠挥刀上阵，所向披靡，势如破竹。他先斩两员魏将，后又挥军掩杀数十里，最终大获全胜。

诸葛亮先假装"轻视"黄忠的能力，故意表示出对他的不信任，成功挑起了黄忠的好胜心和不胜不归的决心，进而使得他在战场上百分百地投入战斗，这就是"激将"之法。

所谓"激将法"就是利用人们的自尊心和逆反心理，通过故意怀疑其能力刺激对方产生一种奋发进取的内驱力。明代哲学家王守仁曾说："天下事或激或逼而成者，居其半。"意思是说，天底下的大事业有一半是被激或被逼出来的，可见激将的效果是十分显著的。

1981年IBM推出个人电脑，1983年销售额就超过了苹果。为了打好"翻身仗"，乔布斯去挖百事可乐的总裁约翰·斯卡利，他就对斯卡利采用了激将法，他的激将之语被业界传为名言："如果你留在百事可乐，五年后你只不过多卖了一些糖水给小孩，但到苹果，你可以改变整个世界。"斯卡利的欲望被重新激发起来，断然决定要去苹果公司工作。是的，他想成为别人眼中的大人物。

当然，施用激将法的时候，要考虑对方身份和性格。争强好胜、不肯服输，正是可被施行激将法的心理基础。激将法对老于世故、过于保守及生性多疑的人却难以奏效。当和员工摆事实、讲道理就是行不通，磨破嘴皮也不愿听从，或者员工认定一条死理、一意孤行时，不妨改变方向，给员工一个强烈的反刺激，说不定就能"柳暗花明"，收到意想不到的效果。

曾任美国纽约州州长的艾尔·史密斯遇到过一件非常棘手的事情。原来，魔鬼岛以西最臭名昭著的辛辛监狱缺少一名看守长，只有铁腕人物才可以胜任这个工作。经过几番斟酌，史密斯选定了刘易斯·劳斯。

"去管理辛辛监狱怎么样？"史密斯问被召见的劳斯。

劳斯知道这项任务的艰巨性和危险性，他一口回绝了："不！那种鬼地方没人愿意去！"

史密斯笑道："害怕了？年轻人，我就知道会这样。不过，我不会怪你。真的！要知道，这本来就是一个极其艰难的岗位，那里需要一个有经验的人去做看守长，需要一个真正勇敢的人挑起担子干下去。"

劳斯被刺激了，他抬起头来说："我不知道我能不能干好，但是我一定要试一试。"

史密斯站起来，拍拍劳斯的肩膀，说："哦，你答应这份任职了吗？不过，我要说句实话，对你来说，要想管理好辛辛监狱可不是一件容易的事。如果你只是想试一试的话，我想结果估计不会多好……"

"不，我一定会做好的。"劳斯坚决地接受了这份任命，一到辛辛监狱他就进行了各个方面的改革。最后，劳斯帮助很多罪犯走上了重新做人的道路，成为了当时最负盛名的看守长，成功地创造了一个奇迹。

领导者在确定目标后，最重要的事就是激发部下的斗志，激将法就是其中非常奏效的一种方法。需要注意的是，运用激将法要适时适度。

员工承受外界环境的刺激会有一定的限度。在此限度内，给予刺激的强度和内驱力成正比，即人们常说的"越激越奋发"，压力变动力；如果超过了限度，就会导致出现与期望相反的反应——任你如何激将，他都无动于衷，激将不成反而使员工越发丧气，得不偿失。所以，领导者在实施激将法时要灵活善变，根据实际情况及时做出调整。

003

[**警惕员工打破制度的"窗户"**]

美国斯坦福大学心理学家詹巴斗曾进行过一项有趣的试验：

把两辆一模一样的汽车分别停放在两个不同的街区。其中一辆停放在帕罗阿尔托的中产阶级社区；而另一辆则摘掉车牌，打开顶棚，停放在相对杂乱的布朗克斯街区。结果，停在中产阶级社区的那一辆过了一个星期还完好无损；而打开顶棚的那一辆，不到一天就被偷走了。后来，詹巴斗把完好无损的那辆汽车敲碎一块玻璃，结果仅仅几小时，这辆车就不见了。

以这项试验为基础，美国政治学家威尔逊和犯罪学家凯林提出了"破窗理论"。他们认为：如果有人打坏了一栋建筑上的一块玻璃又没有及时修复，别人就可能受到某些暗示性的纵容，去打碎更多的玻璃。久而久之，这些窗户就给人造成一种无序的感觉，在这种漠不关心的氛围中，犯罪就会滋生、蔓延。

"破窗理论"在社会治安综合治理以及反腐败中的作用是显而易见的，在企业管理中也有着重要的借鉴意义。它给领导者带来的启示就是：员工的小恶言行不容姑息，而且必须及时处理第一个以身试法的人。

"员工穿着工作服上班"是某公司的一项规定，可是有一天，某员工没有穿工作服上班，也没有得到相应的处理。其他人就会从中感受到一种无言的宽容。另一个员工就会想："有人不穿工作服了，明天我也不穿。"渐渐地，会有一小批人不穿工作服上班，进而发展到一大批人不穿工作服上班，最后"员工穿着工作服上班"的规定也就不再成为规定了。

"千里之堤，溃于蚁穴"，再严明的法纪也经不住人们一次又一次的违反和破坏。所以，领导者对待随时可能发生的一些"小奸小恶"，特别是对于触犯企业核心价值观念的一些"小奸小恶"，必须严肃处理。否则，就会出现"有制度不依，执行制度不严，违反制度无所谓"的现象，制度的执行力严重下降，内部管理混乱也成为必然。

有一天，在日本一家公司任职的销售员村上井子误将一台没装机芯的样机卖给了顾客。经理在得知此事后非常严厉地批评了村上井子，并马上下令村上井子要在最短的时间内寻找到该顾客。村上井子得到命令后利用仅有的两条线索：姓名（露丝）及职业（美籍记者），连夜打了35个紧急电话才联系到其在大阪的住址和电话，及时做了妥善的处理，避免了一场可能给公司带来的危机。

原来，当露丝发现刚买的唱机无法使用时气愤至极，连夜写下了一篇旨在揭露事实真相、无情鞭挞该公司的新闻报道——《笑脸背后的真面目》，准备第二天见报。就在这千钧一发的关键时刻，露丝接到了村上井子打来的致歉电话。当她了解了该公司处理此事的全部过程后，深受感动，便利用仅剩的一些时间将稿件《笑脸背后的真面目》改为了感动人心的报道——《35个紧急电话》。

此报道见报后，给这家公司带来了极好的声誉。更重要的是，当公司的其他员工得知村上井子因为卖错了一台样机被严厉批评的情况后，做事情就不敢马马虎虎、粗心大意，即便再小的事情也会认认真真地做好。

严厉惩治"破窗"者，尤其是"破窗"第一人，能够让每一个员工都意识到"勿以恶小而为之"的重要性，这是一种防止"恶行"蔓延的明智举措。

在管理工作中，领导者要好好体会"破窗理论"的内涵，注意从细节事件抓起，从小事件抓起，当第一个"破窗者"出现时，根据已有制度给予严肃处理，给员工们一种"小事也不容忽视"的压迫感，形成井然有序的团队秩序。

除此之外，当第一个"破窗者"出现时，领导者还要注意寻找企业制度存在的漏洞，及时改进原有的制度体系，尽快建立一种防范机制，也就是要"管好窗"，让"企图破窗的人"无法再次破窗，避免造成更大的危害。

004

[抓住典型事例，惩一便可儆百]

姜子牙帮助周文王灭了商纣，建立周朝后，决定招揽一批人才为国家效力。在齐国有一位贤人狂橘，很为地方人士推崇。姜子牙慕名拜访，想请他出来做事。结果，他先后拜访了三次，三次都吃了闭门羹，后来干脆就将他杀了。

周文王得知此情况后大为惊讶，问姜子牙："狂橘是一个贤能的人，如果他能为我们所用，必是一件难得的好事。即便他未能被招入麾下，但是他不求富贵显达，自己掘井而饮、耕田而食，正所谓隐者无累于世，你又何必把他杀了呢？"

姜子牙回答："四海之内，莫非王土；率土之滨，莫非王臣。在天下大定之时，人人都应为国家出力。以狂橘这种不合作态度，如果人人学他，那还有什么可用之民、可纳之饷呢？所以，杀他的目的在于以儆效尤。"

果然，经此一杀，想破坏周朝的人都不敢再自命清高隐居下去了。

以儆效尤，即严肃地处理一件事，用来警醒那些仿效做坏事的人。在本事例中，姜子牙通过杀狂矞进而警戒众人，正是运用了此法。

在平时的工作中，在意见不一、工作受到阻扰、违反公司明文规章制度的时候，为了使思想一致，制度能够尽快地落实执行，领导者也可以使用以儆效尤的方法。

在切割台上，为了加快工作的进度，有些员工会把切割刀前的防护挡板卸下放在一旁，因为没有了防护挡板，收取加工零件会更加快捷，车间的熟练工人杰瑞也时常这样做。一天，杰瑞的这一举动被主管发现了。主管顿时大发雷霆，不但要杰瑞马上将防护板装上，还站在那里愤怒地训斥了半天。

事到此时，杰瑞以为结束了。没想到，第二天一上班，有人通知杰瑞去见总裁。在总裁办公室里，杰瑞听到了他被辞退的处罚通知。总裁说："身为老员工，你应该比任何人都明白安全对公司意味着什么，但是你居然连防护挡板都没有用，一旦发生事故失去健康乃至生命，那是公司永远都补偿不起的……"

接着，总裁在一次全体工人大会上，宣布了开除杰瑞的消息，并语重心长地教育全体职工，在工作中一定要严格要求自己，自觉遵守厂纪厂规。就这样，总裁通过抓住一个典型事例，惩一儆百。从那以后，厂里职工再也没有发生过拆卸防护挡板的事件。

由此可见，"以儆效尤"能对其他员工起到一种警示作用，使他们自觉地规范自己的言行。"以儆效尤"的警示效果显著，但是有几个要点值得注意：

1. 选择对象要慎重

惩罚下属是需要看情况的，因为下属犯错误的原因各有不同。如果一个员工因为刚入行没多久不熟悉工作流程而犯错误，或者因为一时疏忽犯下错误，并非刻意为之，这叫不知道或者不小心，是无法避免的。领导者惩罚这样的人，等于否定了员工为了学习而付出的努力，很有可能使员工离心，得不偿失。

因此，领导者在选择警告对象的时候要慎重，真正要选择重罚的，应该是那种明知道制度如何，而行为上却一次又一次地违反和破坏制度的人。另外，经常在企业内部做些小手脚，搬弄是非，唯恐天下不乱的，带来恶劣影响的人，也可以是重罚的对象，只有重罚这样的人，才能起到真正的激励效果。

2. 仔细认识"尤"的特性

请注意，"以儆效尤"的"儆"是一种警告，"尤"是指过失、过错，或做坏事的人。这就需要有过失的员工必须有一定的素质，必须有一定的自觉性，能够自己觉悟，能自觉地不犯过错。如果那些员工没有上述特征，那就达不到"儆"的目的，所以在"儆"之前领导者首先要仔细认识"尤"的特性，确定